ANTOLOGÍA DE
SPOON RIVER

Antología de Spoon River
Título original: *Spoon River Anthology*
Primera edición: septiembre de 2020

© 2020 de la traducción, Carmen G. Aragón
© 2020 de las ilustraciones, Beatriz Martín Vidal
© 2020 Thule Ediciones, SL
Alcalá de Guadaíra 26, bajos - 08020 Barcelona

Director de colección: José Díaz
Diseño y maquetación: Jennifer Carná
Corrección: Alvar Zaid

EAN: 978-84-16817-55-9
D. L.: B 12730-2020

Impreso en BZGraf S.A., Polonia

www.thuleediciones.com

Antología de Spoon River

Edgar Lee Masters

TRADUCCIÓN DE
CARMEN G. ARAGÓN

ILUSTRACIONES DE
BEATRIZ MARTÍN VIDAL

Nota a la edición

Sobre esta edición

La presente traducción se basa en la excelente edición anotada de John E. Hallwas, publicada por la University of Illinois Press. La *Antología de Spoon River* es una heterotopía; un mundo dentro de este mundo; una colina poblada por muertos que hablan de sus vidas y, por extensión, de las nuestras. A la inversa de los poemas en prosa de Baudelaire, Masters crea un microcosmos escrito en prosa puesta en forma de verso libre, de ahí que haya primado conservar esa prosa y su sentido, sin que por ello se haya renunciado a tratar de imprimirle un ritmo e incluso se haya acometido alguna rima. No se han traducido las medidas, respetando así los acres y las millas, por considerarse que andan pegadas a la tierra. La traducción contiene todas las voces de la colina, que se bastan solas sin *La Spooniada* y el *Epílogo*. Se han añadido varias notas pero se prescinde de más preámbulos, pues este libro habla por sí solo y, parafraseando a Lichtenberg, no necesita pararrayos. Si contiene aciertos, se celebrarán; si tuviera erratas, se subsanarán.

Bibliografía consultada y/o recomendada

—*Spoon River Anthology, An Annotated Edition*, John E. Hallwas, University of Illinois Press, 1992.
—*Across Spoon River*, Edgar Lee Masters, University of Illinois Press, 1991.
—*Beyond Spoon River, The Legacy of Edgar Lee Masters*, Ronald Primeau, University of Texas, Austin, 1981.
—*The Genesis of Spoon River*, Edgar Lee Masters, *The American Mercury*, enero de 1933.
—«William Jennings Bryan and the University of Florida», Samuel Proctor, en: *The Florida Historical Quarterly* Vol. 39, No. 1 (Jul., 1960), pp. 1-15, Florida Historical Society.
—«The Spoon River Country», Josephine Craven Chandler, en: *Journal of the Illinois State Historical Society* (1908-1984), Vol. 14, No. 3/4 (Oct., 1921 - Jan., 1922), pp. 249-329, University of Illinois Press.
—*Thomas Jefferson Encyclopedia*, Monticello.org.
—«The Starved Rock Massacre of 1769: Fact or Fiction?», Mark Walczynski, en: *Journal of the Illinois State Historical Society*, Vol. 100, n.º 3.
—La Enciclopedia británica.
—*Antología de Spoon River*, Edgar Lee Masters, traducción de Alberto Girri, Barral Editores, Barcelona, 1974.
—*Antología de Spoon River*, Edgar Lee Masters, edición de Jesús López Pacheco, traducción de Jesús López Pacheco y Fabio L. Lázaro, Ediciones Cátedra, Madrid, 1993.

La colina

¿Dónde están Elmer, Herman, Bert, Tom y Charley,
el de frágil voluntad, el de fuertes brazos, el payaso, el borracho, el
   luchador?
Todos, todos están durmiendo en la colina.

Uno se fue con una fiebre,
otro ardió en una mina,
a otro lo mataron en una riña,
otro murió en la cárcel,
otro se cayó de un puente bregando por hijos y esposa...
Todos, todos están durmiendo, durmiendo, durmiendo en la colina.

¿Dónde están Ella, Kate, Mag, Lizzie y Edith,
el tierno corazón, el alma simple, la lenguaraz, la orgullosa, la feliz?
Todas, todas están durmiendo en la colina.

Una murió en un parto vergonzoso,
otra, de amor truncado,
otra, a manos de un bruto en un burdel,
otra, de orgullo herido, en busca del afán del corazón,
a otra, tras vivir lejos en Londres y París,
la trajeron al hoyo Ella y Kate y Mag...
Todas, todas están durmiendo, durmiendo, durmiendo en la colina.

¿Dónde están el tío Issac y la tía Emily,
y el viejo Towny Kincaid y Sevigne Houghton,
y el mayor Walker, que había hablado
con hombres venerables de la Revolución?...
Todos, todos están durmiendo en la colina.

Les trajeron hijos muertos de la guerra
e hijas aplastadas por la vida,
y a sus hijos sin padre, llorando...
Todos, todos están durmiendo, durmiendo, durmiendo en la
    colina.

¿Dónde está el viejo Jones *el Violinista*,
que jugó noventa años con la vida,
desafiando la cellisca a pecho descubierto,
bebiendo, riñendo, sin pensar en esposa ni parientes,
ni en el dinero, el amor ni el cielo?
¡Mirad! Farfulla sobre las francachelas de hace tanto,
sobre las carreras de caballos de hace tanto en Clary's Grove,
sobre lo que dijo Lincoln
una vez en Springfield.

Hod Putt

Aquí yazgo junto a la tumba
del viejo Bill Piersol,
que se hizo rico comerciando con los indios y que
más tarde se acogió a la ley de quiebra
y salió de ella aún más rico.
Yo, cansado de fatigas y pobreza,
y viendo enriquecerse al viejo Bill y al resto,
robé a un viajero una noche junto a Proctor's Grove,
y lo maté sin querer al hacerlo,
por lo que me juzgaron y colgaron.
Tal fue mi modo de declararme en bancarrota.
Ahora, los que nos acogimos a la quiebra a nuestro aire
dormimos en paz el uno junto al otro.

Ollie McGee

¿Habéis visto andando por el pueblo
a un hombre de mirada abatida y rostro macilento?
Ese es mi esposo, que, por secreta crueldad
que no ha de contarse nunca, me robó la juventud y la belleza
hasta que al fin, arrugada y con los dientes amarillos,
con el orgullo herido y vergonzosa humildad,
me hundí en la tumba.
Pero ¿qué creéis que roe el corazón de mi esposo?
¡El rostro de lo que fui, el rostro de lo que hizo de mí!
Ambos lo llevan al sitio donde yazgo.
En la muerte, por lo tanto, me he vengado.

Fletcher McGee

Me arrebató la fuerza por minutos,
me arrebató la vida por horas,
me vació como una luna febril
que sangra el mundo rodante.
Los días pasaban como sombras,
los minutos giraban como estrellas.
Me arrebató el pesar del corazón
y lo tornó en sonrisas.
Era un pedazo de arcilla de escultor,
mis pensamientos secretos eran dedos:
volaron tras su frente pensativa
y la arrugaron con profundo dolor,
le endurecieron los labios y le hundieron las mejillas
y le amustiaron los ojos con tristeza.
Mi alma había entrado en la arcilla,
luchando como un diablo desatado.
No era mía, no era suya;
ella la sujetó, pero esa lucha
le moldeó un rostro que ella odiaba,
y un rostro que yo temía ver.
Cerré de golpe ventanas y cerrojos.
Me escondí en un rincón...
Y luego ella murió y me persiguió,
me persiguió toda la vida.

Robert Fulton Tanner

Si un hombre pudiera morder la mano gigante
que lo atrapa y lo destruye,
como a mí me mordió una rata
mientras mostraba mi trampa patentada
aquel día en mi ferretería.
Pero un hombre jamás puede vengarse
del ogro monstruoso que es la Vida.
Entras en el cuarto —eso es nacer—
y luego hay que vivir —dejarte la piel—.
¡Ajá! El cebo que anhelas está a la vista:
una mujer pudiente a la que desposar,
prestigio, lugar o poder en el mundo.
Pero hay trabajo que hacer y conquistas...
¡Ah, sí! Los alambres que velan el cebo.
Al final entras... pero oyes un paso:
es el ogro, la Vida, que entra en el cuarto
(estaba aguardando y oyó el resorte),
para verte royendo el maravilloso queso,
y contemplarte con sus ojos ardientes
y hacer muecas y reírse, y burlarse y maldecirte,
a ti, que corres de un lado a otro de la trampa,
hasta que tu dolor lo aburre.

Cassius Hueffer

En mi lápida han labrado las palabras:
«Su vida fue agradable, y en él se unieron los elementos de tal forma
que la naturaleza podría alzarse y decirle al mundo:
"Este sí fue un hombre"».
Los que me conocieron sonríen
al leer esta retórica vacía.

Mi epitafio tendría que haber sido:
«La vida no fue agradable con él,
y en él se unieron los elementos de tal forma
que le hizo la guerra a la vida,
y en esa guerra fue muerto».
¡En vida no pude con las malas lenguas;
y ahora de muerto debo sufrir un epitafio
grabado por un tonto!

Serepta Mason

La flor de mi vida habría florecido en derredor
de no ser por un gélido viento que atrofió mis pétalos
del lado que me veíais los del pueblo.
Desde el polvo alzo una voz de protesta:
¡Jamáis visteis mi lado florecido!
Vosotros, los vivos, sois unos verdaderos lerdos
que no conocéis los hábitos del viento
ni las fuerzas invisibles
que gobiernan los procesos de la vida.

Amanda Barker

Henry me dejó preñada,
a sabiendas de que no podía dar vida
sin perder la mía.
Por eso crucé de joven las puertas del polvo.
Viajero, en el pueblo donde viví se opina
que Henry me quiso con amor de esposo,
pero yo proclamo desde el polvo
que me mató para saciar su odio.

Constance Hately

¡Alabas mi abnegación, Spoon River,
por criar a Irene y a Mary,
huérfanas de mi hermana mayor!
¡Y reprendes a Irene y a Mary
por el desdén que me tienen!
Pero no alabes mi abnegación,
y no reprendas su desdén;
¡las crié, las cuidé, es cierto!...,
pero envenené mis buenas obras
al recordarles sin tregua su dependencia.

Chase Henry

En vida fui el borracho del pueblo;
al morir, el cura me negó el entierro
en suelo consagrado,
lo cual redundó en mi suerte,
pues los protestantes compraron este lote
y enterraron mi cuerpo aquí,
cerca de la tumba del banquero Nicholas
y de su esposa Priscilla.
Tomad nota, vosotras, almas prudentes y pías,
de las contracorrientes de la vida,
que honran a los muertos de vida vergonzosa.

Harry Carey Goodhue

Jamás os asombrasteis, zoquetes de Spoon River,
cuando Chase Henry votó contra las tabernas
como venganza por dejarlo fuera.
Pero ninguno fuisteis lo bastante agudo
para ir tras mis pasos o seguirme el rastro
como hermano espiritual de Chase.
¿Os acordáis de cuando luché
contra el banco y la camarilla de los juzgados
por embolsarse los intereses de los fondos públicos?
¿Y de cuando luché contra nuestros ilustres ciudadanos
por hacer de los pobres las bestias de carga de los impuestos?
¿Y de cuando luché contra la planta de agua
por apropiarse de calles y subir los precios?
¿Y de cuando luché contra los empresarios
que lucharon contra mí en aquellas luchas?
Entonces, ¿os acordáis
de que, tambaleándome desde el pecio del fracaso,
y desde el pecio de una carrera en ruinas,
saqué de la capa mi último ideal,
oculto hasta entonces a todas las miradas,
como la preciosa quijada de un asno,[1]
y aplasté al banco y a la planta de agua,
y a los empresarios con la prohibición,
e hice pagar a Spoon River el precio
de las luchas que había perdido?

---

1. La bíblica quijada de Sansón, con la que derribó a mil hombres (Jueces 15, 15). *(N. de la T.)*

El juez Somers

¿Cómo puede ser, decidme,
que yo, que era el más docto de los abogados,
que me sabía el Blackstone y el Coke[2]
casi al dedillo, que di el mejor discurso
que haya oído el tribunal, y que escribí
un alegato que se ganó el elogio del juez Breese...?
¿Cómo puede ser, decidme,
que yazga aquí anónimo, olvidado,
cuando Chase Henry, el borracho del pueblo,
tiene una losa de mármol rematada en una urna
donde la Naturaleza, en un gesto irónico,
ha sembrado una hierba florecida?

---

2. Sir William Blackstone (1723-1780) fue el célebre jurista británico que escribió los *Comentarios sobre las leyes de Inglaterra*, influyente tratado sobre derecho. Sir Edward Coke (1552-1634) fue también un destacado jurista británico que escribió, entre otras obras, las *Instituciones de las Leyes de Inglaterra*. Ambos eran de lectura obligatoria entre letrados. *(N. de la T.)*

Kinsey Keene

Atención, Thomas Rhodes, presidente del banco;
Coolbaugh Whedon, director del *Argus*;
reverendo Peet, pastor de la iglesia principal;
A. D. Blood, varias veces alcalde de Spoon River,
y al fin todos vosotros, miembros del Club de la Pureza Social...
Atención a las últimas palabras de Cambronne,[3]
de pie junto al heroico remanente
de la guardia de Napoleón en Mont Saint Jean,
en el campo de batalla de Waterloo,
cuando Maitland, el inglés, les gritó:
«¡Rendíos, valerosos franceses!»...
Allí, al caer la tarde, con la batalla perdida sin remedio
y hordas de hombres que ya no eran el ejército
del gran Napoleón
manaban del campo como deshilachadas hebras
de atronadoras nubes de tormenta.
Pues bien, lo que Cambronne dijo a Maitland
antes de que el fuego inglés allanara la cumbre de la colina
contra la mortecina luz del día,
os lo digo a vosotros, y a todos vosotros,
y a ti, oh, Mundo.
Y os encargo que lo esculpáis
sobre mi lápida.

---

3. Según las más bienintencionadas de las fuentes, las últimas palabras de Cambronne fueron «¡La guardia muere, no se rinde!», si bien otras más conocedoras de la naturaleza humana, entre las que se cuenta Victor Hugo, afirman que lo que dijo en realidad fue: *Merde!* Solo Kinsey Keene sabe a cuáles alude en su poema. *(N. de la T.)*

Benjamin Pantier

Juntos en esta tumba yacen Benjamin Pantier, abogado,
y Nig, su perro, eterno compañero, amigo y consuelo.
Por el camino gris, amigos, hijos, hombres y mujeres,
saliendo uno por uno de la vida, se fueron hasta dejarme solo
con Nig de socio, compañero de cama, camarada en la bebida.
En la mañana de la vida, yo conocí la ambición y vi la gloria.
Luego ella, que me sobrevive, me atrapó el alma
con una trampa que me desangró hasta la muerte,
hasta que yo, antes de férrea voluntad, yací deshecho, indiferente,
viviendo con Nig en la trastienda de un lúgubre bufete.
Bajo mi mandíbula se ovilla el huesudo hocico de Nig...
Nuestra historia se pierde en el silencio. ¡Pasa, mundo loco!

La señora de Benjamin Pantier

Sé que dijo que yo atrapé su alma
con una trampa que lo desangró hasta la muerte.
Y que todos los hombres lo querían,
y casi todas las mujeres se apiadaban de él.
Pero suponed que sois una dama de verdad, y tenéis gustos
    delicados,
y aborrecéis el olor a whisky y a cebolla.
Y el ritmo de la *Oda* [4] de Wordsworth recorre vuestro oído
mientras él va por ahí de la noche al día
repitiendo pasajes de esa cosa ordinaria,
¡Oh, ¿por qué habría de ser orgullosa el alma mortal?
Y luego suponed
que sois una mujer bien dotada,
y el único hombre con quien la ley y la moral
os permiten la relación conyugal
es el mismo hombre que os repugna,
cada vez que pensáis en ello... y pensáis en ello
cada vez que lo veis.
Por eso lo eché de casa
a vivir con su perro en un cuartucho
detrás de su bufete.

---

4. La célebre «Oda a la inmortalidad» de William Wordsworth, en contraste aquí con el tam-
bién célebre «Mortalidad», el poema de William Knox, cuyo comienzo aparece tres versos des-
pués —y que al parecer era el favorito de Abraham Lincoln—. Para un alma elevada como la
de la señora Pantier, enemiga del whisky y la cebolla, la mortalidad de Knox es moco de pavo
frente a la inmortalidad de Wordsworth. *(N. de la T.)*

Reuben Pantier

Pues bien, Emily Sparks, tus plegarias no fueron estériles,
tu amor no fue todo en vano.
Debo lo que sea que fui en vida
a tu esperanza, que no me abandonó,
a tu amor, que aún me veía bueno.
Querida Emily Sparks, deja que te cuente mi historia.
Me salto la influencia de mi padre y de mi madre;
la hija de la sombrerera me metió en líos
y afuera salí para el mundo,
donde corrí todo peligro conocido
del vino y las mujeres y la alegría de vivir.
Una noche, en un cuarto de la Rue de Rivoli,
estaba bebiendo vino con una *cocotte* [5] de ojos negros
y los míos se anegaron en lágrimas.
Ella creyó que eran lágrimas de amor y sonrió
pensando que me tenía conquistado.
Pero mi alma estaba a tres mil millas,
en los días en que me enseñabas en Spoon River.
Y porque ya no me podías querer,
ni rezar por mí, ni escribirme cartas,
tu eterno silencio habló por ti.
Y la *cocotte* de ojos negros tomó las lágrimas por suyas,
así como los besos engañosos que le di.
Por algún motivo, desde aquel momento, tuve una nueva visión...
¡Querida Emily Sparks!

5. Cortesana. He decidido conservar *cocotte*, común en los textos españoles de la época, y puesto que el propio Masters prefiere este galicismo a otros términos. Las *cocottes* practicaban una suerte de prostitución «clandestina y elegante» (véase *La prostituta*, de Eduardo López Bago, Ed. Renacimiento, 2015), y por lo general tenían «amantes» en lugar de clientes. *(N. de la T.)*

Emily Sparks

¿Dónde está mi muchacho, mi muchacho?...
¿En qué lejana parte del mundo?
¿El muchacho al que yo más quise de todos los de la escuela?...
Yo, la maestra, la solterona, el corazón virgen,
que hice de todos mis hijos.
¿Conocía bien a mi muchacho,
creyéndolo un alma inflamada,
activa, siempre ambiciosa?
Ay, muchacho, muchacho, por quien recé y recé
tantas horas en vela por la noche,
¿recuerdas la carta que te escribí
sobre el hermoso amor de Cristo?
Pero, la recibieras o no,
muchacho mío, allí donde estés,
trabaja por el bien de tu alma,
que toda tu arcilla, toda tu escoria,
cedan ante tu fuego,
¡hasta que el fuego sea solo luz!...
¡Solo luz!

Trainor, el boticario

Solo el químico sabe, y a veces ni el químico,
lo que resultará de componer
fluidos o sólidos.
¿Y quién sabe
cómo interactuarán mujeres y hombres
entre sí, o qué hijos resultarán?
Ahí estaban Benjamin Pantier y su esposa,
buenos de por sí, pero malos para con ellos:
él, oxígeno; ella, hidrógeno;
su hijo, un fuego abrasador.
Yo, Trainor, el boticario, mezclador de elementos,
muerto mientras hacía un experimento,
viví sin casarme.

Daisy Fraser

¿Habéis oído jamás que el director Whedon
diera al erario público parte del dinero recibido
por respaldar a un candidato electoral?
¿O por promocionar la fábrica de conservas
para que la gente invirtiera en ella?
¿O por ocultar los hechos sobre el banco
cuando estaba corrupto y al borde de la quiebra?
¿Habéis oído jamás que el juez del distrito
ayudara a alguien salvo a los ferrocarriles «Q»
o a los banqueros? ¿O acaso el reverendo Peet o el reverendo Sibley
dieron parte alguna de su sueldo, ganado a cambio de silencio
o de, como mandaban los patrones,
hablar en favor de la planta de agua?
¡Pero a mí, Daisy Fraser, que anduve siempre
por la calle entre corrillos de señas y sonrisas,
y toses y palabras como «ahí va esa»,
jamás me llevaron ante el juez Arnett
sin que contribuyera con diez dólares más costas
al fondo escolar de Spoon River!

Benjamin Fraser

Sus espíritus batían contra el mío
como las alas de un millar de mariposas.
Cerraba los ojos y sentía sus espíritus vibrando.
Cerraba los ojos, pero sabía cuándo sus pestañas
ponían flequillo a sus mejillas desde ojos abatidos,
y cuándo volvían la cabeza,
y cuándo la ropa los ceñía,
o les caía en exquisita colgadura.
Sus espíritus contemplaban mi éxtasis
con la amplia mirada del desapego estelar.
Sus espíritus contemplaban mi tortura;
se la bebían como si fuera el agua de la vida,
con ojos relucientes, encendidas mejillas.
La llama ascendente de mi alma doraba sus espíritus,
como las alas de una mariposa arrastrada de pronto a la luz del sol.
Y me pedían a gritos vida, vida, vida.
Pero al tomar la vida para mí,
al atrapar y aplastar sus almas,
como un niño aplasta uvas y bebe
de sus palmas el jugo púrpura,
llegué a este vacío sin alas,
donde ni rojo, ni oro, ni vino,
ni el ritmo de la vida es conocido.

Minerva Jones

Yo soy Minerva, la poeta del pueblo,
abucheada, burla de los palurdos de la calle
por mi robusto cuerpo, mi bizquera y mis andares,
y tanto más cuando Weldy *el Macho*
me atrapó tras una atroz cacería.
Me abandonó a mi suerte con el doctor Meyers;
y yo me hundí en la muerte, entumecida de pies para arriba,
como quien se adentra cada vez más en un arroyo helado.
¿Se llegará alguno al periódico del pueblo
y reunirá en un libro los versos que escribí?...
¡Yo tuve tanta sed de amor!
¡Yo tuve tanta hambre de vida!

Jones «Indignación»

¿No queríais creeros, no es así,
que yo venía de buena estirpe galesa,
que mi sangre era más pura que la de esta basura blanca,
y de linaje más recto que el de los novoingleses
y virginianos de Spoon River?
No queríais creeros que había ido a la escuela
y leído unos cuantos libros.
Me veíais solamente como un hombre acabado,
de pelo y barba apelmazados
y ropa andrajosa.
A veces la vida de un hombre se vuelve un cáncer
a fuerza de machacarla y machacarla,
y se hincha en una pulpa violácea
como los brotes enfermos en los tallos de maíz.
Ahí estaba yo, un carpintero, empantanado en una ciénaga de vida
en la que entré pensando que era un prado,
con una fregona por esposa, y la pobre Minerva, mi hija,
a quien atormentasteis y empujasteis a la muerte.
Así que me arrastré y me arrastré, cual caracol, por los días
de mi vida.
Ya no oís más mis pasos de mañana,
resonando en la acera hueca,
yendo al colmado por un poco de harina
y unos centavos de panceta.

Doctor Meyers

Ningún hombre, de no ser el doctor Hill,
hizo más que yo por la gente de este pueblo.
Y todos los débiles, los tullidos, los imprudentes
y los que no podían pagar venían a mí en tropel.
Yo era el afable y bueno doctor Meyers.
Tenía salud, era feliz, vivía holgadamente,
bendecido con una grata compañera, los hijos criados,
todos casados, y a todos les iba bien.
Y entonces una noche, Minerva, la poeta,
acudió a mí en su desgracia, llorando.
Traté de ayudarla... Murió...
Me acusaron, la prensa me injurió,
mi esposa murió de pena,
y una pulmonía me mató.

La señora Meyers

Toda la vida protestó:
que los periódicos mintieron con vileza;
que él no tuvo la culpa de la caída de Minerva,
que solo intentó ayudarla.
Pobre alma, tan hundida en el pecado que no vio
que aun intentando ayudarla, como él decía,
quebró la ley humana y la divina.
Viajeros, he aquí una antigua advertencia:
para que vuestras sendas sean deleite
y todas las veredas, paz,[6]
amad a Dios y observad sus mandamientos.

6. «Sus caminos son caminos deleitosos y son paz todas sus sendas», Proverbios 3, 17. *(N. de la T.)*

Weldy «el Macho»

Cuando adopté la religión y me calmé
me dieron un puesto en la fábrica de conservas,
y todas las mañanas debía llenar
de gasolina el tanque del patio
que nutría los quemadores de las naves
para calentar los soldadores.
Y para hacerlo trepaba a una escalera vieja,
llevando cubos llenos de esa cosa.
Una mañana, mientras la vertía,
el aire se paró y pareció hincharse,
y salí disparado al explotar el tanque,
y me caí con las dos piernas rotas
y con los ojos fritos como huevos,
pues alguien dejó abierto un quemador
y algo aspiró la llama hasta el tanque.
El juez del distrito dijo que quien lo hizo
fue un compañero mío, y por lo tanto
el hijo del viejo Rhodes no debía pagarme.
Y yo, sentado en el estrado, tan ciego
como Jack *el Violinista*, repetía:
«No lo conocía de nada».

Knowlt Hoheimer

Fui el primer fruto de la batalla de Missionary Ridge.
Cuando sentí entrar la bala en mi corazón
quise haberme quedado en casa y en la cárcel
por robar los cerdos de Curl Trenary
en vez de huir y unirme al ejército.
Mil veces antes la cárcel del condado
que yacer bajo esta estatua alada de mármol
y este pedestal de granito
que lleva las palabras *Pro Patria.*
¿Qué significan?, por cierto.

Lydia Puckett

Knowlt Hoheimer huyó a la guerra
el día antes de que Curl Trenary
lo denunciara ante el juez Arnett
por robar cerdos.
Pero no se hizo soldado por eso.
Me pescó viéndome con Lucius Atherton.
Reñimos y le dije que jamás volviera
a cruzarse en mi camino.
Entonces robó los cerdos y se fue a la guerra...
Detrás de todo soldado hay una mujer.

Frank Drummer

De una celda a este espacio oscuro...
¡El fin a los veinticinco!
Mi lengua no supo decir qué bullía en mí
y el pueblo me creía loco.
¡Pero al principio hubo una visión clara,
un alto fin apremiante dentro de mi alma
que me llevó a intentar memorizar
la *Enciclopedia Británica*!

Hare Drummer

¿Todavía van los chicos y las chicas a lo de Siever
a finales de septiembre, por sidra, después de clase?
¿O a coger avellanas entre las matas
en la granja de Aaron Hatfield cuando asoman las heladas?
Pues tantas veces, con alegres chicos y chicas,
jugué yo en la carretera y en los cerros
cuando bajaba el sol y refrescaba el aire,
y me paré a sacudir el nogal,
erguido sin hojas contra un ocaso en llamas.
Ahora el olor del humo del otoño,
y las bellotas que caen,
y el eco de los valles
traen sueños de vida. Planean sobre mí.
Me preguntan:
¿Dónde están esos alegres camaradas?
¿Cuántos están conmigo; cuántos,
en las viejas huertas del camino a lo de Siever
y en los bosques que se miran
en las aguas quietas?

Conrad Siever

No en ese huerto malogrado
donde los cadáveres engendran una hierba
que no alimenta rebaños, y árboles perennes
que no dan fruto...
Allí, en cuyos paseos umbríos
se oyen vanos suspiros,
y se sueñan sueños aún más vanos
de íntima comunión con las almas que han partido...
¡Sino aquí, bajo el manzano
que amé y cuidé y podé
con nudosas manos
durante tantos, tantos años;
aquí, bajo las raíces de este árbol,
para pasar por el cambio químico y el ciclo de la vida,
al suelo y a la carne del árbol,
y a los epitafios vivos
de manzanas más rojas!

Doctor Hill

Yo iba de acá para allá,
de un lado a otro noche y día,
a todas horas de la noche cuidando de los enfermos pobres.
¿Sabéis por qué?
Mi esposa me odiaba, mi hijo se arruinó la vida.
Y yo me volqué en la gente y le di todo mi amor.
Qué dulce fue en mi funeral ver al gentío en el jardín,
y oírlo murmurar su amor y su pesar.
Pero, ¡ay, Dios mío, mi alma tembló, apenas capaz
de asirse al pasamanos de la nueva vida
cuando vi a Em Stanton tras el roble
en la tumba,
ocultándose, y ocultando su dolor!

Andy, el sereno

Con mi capa española,
y mi viejo chambergo,
y mis chanclos de fieltro,
y Tyke, mi fiel perro,
y mi nudoso bastón de nogal,
paseaba sigiloso con una linterna sorda
de puerta en puerta por la plaza,
mientras giraban los astros de medianoche,
y murmuraba la campana del campanario
con el soplo del viento;
y los cansados pasos del viejo doctor Hill
sonaban como los de quien anda en sueños,
y a lo lejos cantaba un gallo.
Y ahora otro vela Spoon River
como otros antes lo velaron.
Y aquí yacemos, el doctor Hill y yo,
donde nadie roba ni allana,
y ningún ojo debe montar guardia.

Sarah Brown

Maurice, no llores, no estoy aquí debajo de este pino.
¡El aire cálido de primavera susurra entre la hierba fresca,
brillan las estrellas, canta el chotacabras,
pero tú te afliges, mientras mi alma se arrebata
en el bendito Nirvana de la luz eterna!
Llégate al bueno de mi esposo,
que se devana sobre lo que él llama nuestro amor culpable:
dile que mi amor por ti, no menos que mi amor por él,
forjó mi destino... que por la carne
alcancé el alma, y por el alma, la paz.
No hay matrimonio en el cielo,
pero hay amor.

Percy Bysshe Shelley

Mi padre, que tenía el negocio de los carros
y se hizo rico herrando caballos,
me mandó a la Universidad de Montreal.
No aprendí nada y volví a casa,
a deambular por el campo con Bert Kessler,
cazando codornices y agachadizas.
En el lago Thompson el gatillo de mi rifle
dio contra el flanco del bote
y de un disparo me abrió un boquete en el corazón.
Un padre afectuoso erigió sobre mí este pilar de mármol
sobre el cual se yergue una figura de mujer
que esculpió un artista italiano.
Dicen que las cenizas de mi tocayo
se esparcieron junto a la pirámide de Cayo Cestio
en algún lugar cerca de Roma.

Flossie Cabanis

Del teatro Bindle en el pueblo
hasta Broadway hay un gran paso.
Pero yo intenté darlo, mi ambición inflamada
a los dieciséis años,
al ver aquí en el pueblo *East Lynne*
representada por el prometedor Ralph Barrett,
actor romántico que embelesó mi alma.
Es verdad, volví a rastras a casa, un completo fracaso,
cuando Ralph se esfumó en Nueva York
y me dejó sola en la ciudad...
Pero la vida también lo destrozó.
En este lugar de silencio
no hay almas gemelas.
Cómo me gustaría que Duse se irguiera entre el dolor
de estos serenos campos
y leyera estas palabras.

Julia Miller

Aquella mañana reñimos,
pues él tenía sesenta y cinco y yo, treinta,
y estaba nerviosa y preñada del niño,
cuyo nacimiento me aterraba.
Pensé en la última carta
de aquella joven alma extraviada
cuya traición oculté
casándome con el viejo.
Luego tomé morfina y me senté a leer.
Entre la negrura que me enteló los ojos
aún veo la temblorosa luz de estas palabras:
«Y Jesús le dijo: "En verdad
te digo que hoy estarás
conmigo en el paraíso"».

Johnnie Sayre

Padre, jamás sabrás
la angustia que golpeó mi corazón
por mi desobediencia en cuanto sentí
la despiadada rueda de la locomotora
hundirse en la carne aullante de mi pierna.
Cuando me llevaban a casa de la viuda Morris
vislumbré la escuela en el valle
en la que hacía novillos para colarme en trenes.
Recé por vivir hasta rogar tu perdón...
¡Y entonces tus lágrimas, tus entrecortadas palabras de aliento!
Del consuelo de esa hora he obtenido felicidad infinita.
Fuiste sabio al esculpir para mí:
«Salvado del mal por venir».

Charlie French

¿Llegasteis a averiguar
cuál de los chicos O'Brien
me disparó en la mano con la pistola de juguete?
Allí, cuando las banderas ondeaban blancas y rojas
en la brisa y Estil *Bucky*
disparó el cañón que el capitán Harris llevó desde
  Vicksbourg a Spoon River;
y los puestos de limonada ya servían
y la banda tocaba,
¡que todo lo estropeara
un pedazo de casquillo bajo la piel de la mano,
y los chicos apiñados a mi alrededor diciendo:
«Te morirás de tétanos, Charlie, seguro»!
¡Ay, Dios! ¡Ay, Dios!
¿Cuál de mis amigos pudo haber sido?

Zenas Witt

Tenía dieciséis años y los sueños más terribles,
y manchas ante los ojos y agotamiento nervioso.
Y no podía recordar los libros que leía
como Frank Drummer, que memorizaba página tras página.
Y mi espalda era frágil, y me devoraba la angustia,
y me avergonzaba y me atrabancaba en las lecciones,
y al levantarme para recitar, olvidaba
todo cuanto había estudiado.
Bien, pues vi el anuncio del doctor Weese,
y allí estaba, negro sobre blanco,
como si me conociera,
incluso los sueños que no podía evitar.
Así supe que iba a morir joven.
Y me angustié hasta que llegó la tos,
y luego los sueños cesaron.
Y luego dormí el sueño sin sueños
aquí, en la colina junto al río.

Theodore «el Poeta»

De niño, Theodore, pasabas largas horas sentado
a orillas del turbio Spoon
con la vista clavada en la boca del nido del cangrejo,
esperando a que asomara, empujando adelante,
primero las antenas temblorosas, como hebras de heno,
y al poco el cuerpo, del color del jaboncillo,
engastado con ojos de azabache.
Y te preguntabas, absorto en tu pensamiento,
qué sabía, qué anhelaba y por qué, acaso, vivía.
Pero luego tu mirada se posó en hombres y mujeres
ocultos en los nidos del destino en medio de grandes urbes,
esperando a que asomaran sus almas
para poder ver
cómo vivían, y para qué,
y por qué se arrastraban con tanto afán
por el camino arenoso donde falta el agua
cuando declina el verano.

El alguacil

Los prohibicionistas me hicieron alguacil
cuando se cerraron las tabernas,
porque cuando yo era un bebedor,
antes de unirme a la iglesia, maté a un sueco
en el aserradero junto a Maple Grove.
Y querían a un hombre terrible,
desabrido, honrado, fuerte, osado,
y enemigo de tabernas y borrachos,
para mantener la ley y el orden en el pueblo.
Y me entregaron un bastón plomado
con el que asesté un golpe a Jack McGuire
antes de que sacara el revólver con el que me mató.
Los prohibicionistas gastaron su dinero en vano
para ahorcarlo, pues en un sueño
me aparecí ante uno de los doce jurados
y le conté toda esta historia oculta.
Catorce años bastaban por haberme matado.

Jack McGuire

Me habrían linchado
si no me hubieran llevado oculto y en volandas
a la cárcel de Peoria.
Pero yo solo iba a mi casa tan tranquilo,
con mi jarra, un poco bebido,
cuando Logan, el alguacil, me detuvo,
me llamó perro borracho y me sacudió,
y, al maldecirlo por ello, me golpeó
con ese bastón plomado de la Prohibición...
Todo eso antes de que yo le disparara.
Me habrían ahorcado de no ser por esto:
mi abogado, Kinsey Keene, trataba de incriminar
al viejo Thomas Rhodes por arruinar al banco,
y el juez era amigo de Rhodes
y quería que se librara,
y Kinsey ofreció olvidarse de Rhodes
a cambio de catorce años para mí.
Y se cerró el trato. Cumplí mi condena,
y aprendí a leer y a escribir.

Dorcas Gustine

Yo no les caía bien a los del pueblo,
y todo porque decía lo que pensaba,
y me encaraba con quienes me ofendían
a las claras, sin ocultar ni nutrir
agravios secretos ni rencores.
Se alaba mucho el gesto del muchacho espartano
que escondió al lobo bajo su manto
y dejó que lo devorara, resignado.
Es más valiente, creo, sacar el lobo afuera
y combatirlo de frente, hasta en la calle,
entre polvo y aullidos de dolor.
Tal vez la lengua sea un órgano rebelde…
pero el silencio envenena el alma.
Que me reprenda quien quiera, yo estoy contento.

Nicholas Bindle

¿No os dio vergüenza, conciudadanos,
cuando se validó mi testamento y todos vieron
la fortuna tan exigua que dejé?...
¡Vosotros, que me acosasteis en vida
para que diera, diera, diera a las iglesias, a los pobres,
al pueblo!... A mí, que ya había dado tanto.
¿Y de verdad creéis que no sabía
que el órgano que doné a la iglesia,
tocó sus primeras notas cuando el diácono Rhodes,
que había arruinado al banco y casi a mí,
rezó por primera vez desde que lo absolvieran?

Jacob Goodpasture

Cuando cayó el fuerte Sumter y llegó la guerra,
yo grité con el alma llena de amargura:
«¡Adiós, oh, gloriosa república!».
Cuando enterraron a mi hijo soldado
al son de las trompetas y el ruido de tambores,
el corazón se me rompió bajo el peso
de mis ochenta años, y grité:
«¡Oh, hijo muerto por una causa injusta!
¡En la lucha por matar la Libertad!»,
y me arrastré hasta aquí, bajo la hierba.
Y ahora, desde las almenas del tiempo, mirad:
tres veces treinta millones de almas unidas
en el amor de una verdad mayor,
extasiadas en la espera del nacer
de una nueva Belleza,
brotada de la Sabiduría y la Fraternidad.
Yo con los ojos del alma veo la Transfiguración
antes que vosotros.
Pero vosotros, prole infinita de águilas doradas que
        anidan cada vez más alto,
revolotean cada vez más alto, cortejando la luz solar
de los lugares excelsos del Pensamiento,
perdonad la ceguera del búho muerto.

Harold Arnett

Me apoyé en la repisa de la chimenea, hastiado, hastiado,
pensando en mi fracaso, mirando el abismo,
debilitado por el calor del mediodía.
A lo lejos sonó triste la campana de una iglesia.
Oí el llanto de un bebé,
y la tos de John Yarnell,
postrado en la cama, febril, febril, moribundo,
luego la violenta voz de mi mujer:
«¡Atiende, las patatas se están quemando!».
Las olí… Luego sentí un asco irresistible.
Apreté el gatillo… Oscuridad… Luz…
Un arrepentimiento indescriptible… Buscando a tientas
        el mundo otra vez.
¡Demasiado tarde! Así llegué aquí,
con pulmones para respirar… Aquí no se puede respirar con
        pulmones,
aunque hay que respirar… ¿De qué sirve
librarse del mundo
si ningún alma escapará jamás del eterno destino de la vida?

Margaret Fuller Slack

Yo habría sido tan grande como George Eliot
de no ser por un destino adverso.
Pues, mirad la fotografía que me hizo Penniwit,
el mentón en la mano y ojos profundos…
también grises y penetrantes.
Pero estaba el viejo, viejo problema:
¿sería celibato, matrimonio o impudicia?
Luego me cortejó John Slack, el rico boticario,
tentándome con la promesa de tiempo para mi novela,
y me casé con él, y di a luz a ocho hijos,
y no tuve tiempo de escribir.
Ya había acabado todo para mí, de todos modos,
cuando me clavé la aguja en la mano
mientras lavaba las cosas del bebé
y morí de tétanos, una muerte irónica.
¡Escuchadme, almas ambiciosas,
el sexo es el azote de la vida!

George Trimble

¿Os acordáis de cuando me planté en las escaleras
del palacio de justicia y hablé de la libre acuñación de plata
y del impuesto único de Henry George?
Entonces, ¿os acordáis de que, cuando el Líder Sin Par
perdió su primera batalla,[7] yo empecé a hablar de prohibición
y participé de la iglesia?
Fue por mi esposa,
que me anunció mi perdición
si no mostraba mi integridad al pueblo.
Pues bien, ella fue mi ruina:
ya que los radicales empezaron a sospechar de mí
y los conservadores nunca se fiaron...
Y aquí yazgo, sin que nadie me llore.

---

7. El Líder Sin Par, the Peerless Leader: así se dio en llamar a William Jennings Bryan (1860-1925), orador excepcional y destacado político demócrata estadounidense que en 1896 perdió su «primera batalla», es decir, su primera campaña presidencial. Se presentó a dos más y también las perdió, pero fue secretario de Estado entre 1913 y 1915. Su carrera derivó hacia el populismo y acabó por defraudar a muchos, entre ellos a Masters, quien hacia 1915 lo describió como «el estadista cristiano, sin trabajo... [Jennings ya estaba entonces jubilado]... que ya no tiene posibilidad de presidir ni legisla». Fuentes: *Spoon River Anthology, An Annotated Edition,* John E. Hallwas, University of Illinois Press, 1992; «William Jennings Bryan and the University of Florida», Samuel Proctor, en JSTOR; Enciclopedia británica. *(N. de la T.)*

Doctor Siegfried Iseman

Cuando me dieron el diploma dije,
me dije que sería bondadoso
y sabio y valiente y atento con los demás;
¡Dije que llevaría el credo cristiano
a la práctica de la medicina!
De alguna forma el mundo y otros médicos
saben qué hay en tu corazón cuando te haces
ese propósito tan noble.
Y lo que sucede es que te matan de hambre.
Y nadie acude a ti salvo los pobres.
Y te das cuenta muy tarde de que ser médico
es solo un modo de ganarse el pan.
Y cuando eres pobre y debes cargar
con credo cristiano, esposa e hijos
a la espalda, ¡es demasiado!
Por eso creé el Elixir de la Juventud,
que dio conmigo en la cárcel de Peoria,
¡tachado de timador y sinvergüenza
por el recto juez federal!

Shaw «el As»

Jamás vi ninguna diferencia
entre jugar a las cartas por dinero
y vender casas,
ser abogado, banquero u otra cosa.
Pues todo es azar.
Sin embargo,
¿viereis a un hombre diligente en su negocio?
¡En presencia de reyes estará![8]

---

8. Proverbios 22, 29: «Viereis a un hombre diligente en su trabajo, ante reyes estará». *(N. de la T.)*

Lois Spears

Aquí yace el cuerpo de Lois Spears,
nacida Lois Fluke, hija de Willard Fluke,
esposa de Cyrus Spears,
madre de Myrtle y Virgil Spears,
niños de ojos claros y miembros sanos...
(Yo nací ciega.)
Era la más feliz de las mujeres
como esposa, madre y ama de casa,
cuidando de los que amaba,
y haciendo de mi hogar
un sitio de orden y espléndida hospitalidad,
pues recorría los cuartos
y recorría el jardín
con un instinto tan fiel como la vista,
como si tuviera ojos en las yemas...
Gloria a Dios en lo más alto.

El juez Arnett

Es cierto, conciudadanos,
que el viejo archivador que llevaba allí años,
en una balda sobre mi cabeza y sobre
el trono de la justicia, digo que es cierto
que ese archivador tenía un canto de hierro
que me abrió la calva al caer…
(Por algún motivo creo que lo empujó
esa hinchazón del aire que recorrió el pueblo
cuando estalló el tanque de gasolina de la fábrica de conservas
y quemó a Weldy *el Macho*)…
Pero expongamos los puntos en orden
y razonemos el caso con esmero:
Primero, concedo que me partió la cabeza,
pero segundo, y esto fue lo más horrible:
las hojas del archivador volaron y llovieron
a mi alrededor como una baraja
en manos de un prestidigitador.
Y vi esas hojas hasta el mismo fin,
hasta que al final dije: «No son hojas.
¿Acaso no veis que son días y días,
y los días y días de setenta años?
¿Y por qué me torturáis con hojas
y las pequeñas anotaciones que hay en ellas?».

Willard Fluke

Mi esposa perdió la salud,
y se consumió hasta quedarse en apenas cuarenta kilos.
Entonces apareció esa mujer, a quienes los hombres
llamaban Cleopatra.
Y nosotros —nosotros los casados—
todos rompimos los votos, yo entre el resto.
Pasaron los años y uno a uno
la muerte los reclamó de forma horrenda,
y yo me dejé llevar por sueños
de una gracia especial de Dios por mí,
y empecé a escribir, escribir, escribir, resma tras resma,
sobre el segundo advenimiento de Cristo.
Entonces Cristo vino a mí y me dijo:
«Ve a la iglesia y preséntate ante la congregación
y confiesa tu pecado».
Pero en cuanto me levanté y empecé a hablar
vi a mi pequeña en la primera fila…
¡Mi pequeña, que había nacido ciega!
¡Después de aquello es todo oscuridad!

Aner Clute

Una y otra vez me preguntaban,
mientras pagaban el vino o la cerveza,
primero en Peoria y después en Chicago,
Denver, Frisco, Nueva York, donde viviera,
cómo es que llevaba esa vida
y cuál fue el principio de todo.
Bueno, pues yo les decía que si un vestido de seda
y la promesa de matrimonio de un rico...
(Era Lucius Atherton.)
Pero la cosa no fue así ni mucho menos.
Pongamos que un muchacho roba una manzana
de la cesta de frutas del colmado
y todos empiezan a llamarlo ladrón,
el director del periódico, el pastor, el juez y todo el mundo...
«Ladrón», «ladrón», «ladrón», allí donde va.
Y no encuentra trabajo, y no encuentra pan
si no es robándolo, así pues el muchacho robará.
Es el modo en que la gente juzga el robo de la manzana
lo que hace del muchacho lo que es.

Lucius Atherton

Cuando se me rizaba el bigote
y tenía el pelo negro,
y lucía pantalón ceñido
y un alfiler de diamantes,
era un espléndido galán y me llevé más de una baza.
Pero cuando empezaron a asomar las canas…
hete aquí que una nueva generación de muchachas
se rio de mí, sin temerme,
y ya no tuve más amoríos excitantes
en los que casi me disparan por diablo sin entrañas,
sino tan solo grises devaneos, recalentados devaneos
de otros días y otros hombres.
Y pasó el tiempo hasta que viví en el bar de Mayer,
dando cuenta de comida barata, un canoso, descuidado,
desdentado, desechado, rural don Juan…
Hay una sombra excelsa aquí que canta
sobre una tal Beatriz;
y ahora comprendo que la fuerza que ensalzó a esa sombra
me arrastró a mí a la escoria de la vida.

Ḧomer Clapp

A menudo Aner Clute en la verja
me negó el beso de despedida,
diciendo que antes debíamos prometernos;
y con un mero frío apretón de manos
me daba las buenas noches cuando la llevaba a casa
desde la pista de patinaje o tras el oficio.[9]
Pero apenas morían mis pasos a lo lejos
cuando Lucius Atherton
(eso lo supe cuando Aner se fue a Peoria)
se colaba por su ventana, o la llevaba a cabalgar
tras su brioso tiro de bayos
por el campo.
La conmoción me hizo sentar cabeza
e invertí el dinero que me dio la finca de mi padre
en la fábrica de conservas, para lograr el puesto
de contable jefe, y lo perdí todo.
Y entonces supe que era uno de los bufones de la Vida,
a quien tan solo la muerte trataría como al igual
de otros hombres, haciéndome sentirme un hombre.

---

9. Oficio religioso, en este caso una revitalización. En el original, *revival*, que también podría ser la reposición de una obra de teatro, si bien es más probable que Masters aluda aquí a ese *revival* en calidad de los oficios evangelistas, tan habituales en la época, dirigidos a reavivar el ardor de la fe. De este modo, Homer lo habría intentado todo, desde lo ocioso a lo espiritual. Pese a ello, siempre obtuvo el mismo resultado: calabazas. Pero en esto, como en todo, y a falta de un contexto más amplio, la certidumbre es como la justicia, inexistente, y no puede ponerse la mano en el fuego —aunque sí sostener con esa mano una antorcha encendida—. Gracias a María Luisa Miguéliz Valcarlos *et. al.*, de la University of South Florida, y a Linda Sue Grimes por arrojar luz sobre este asunto. *(N. de la T.)*

El diácono Taylor

Pertenecía a la Iglesia
y al partido de la Prohibición
y los del pueblo creyeron que morí por comer sandía.
Lo cierto es que tenía cirrosis en el hígado,
pues cada mediodía por treinta años
me escabullía tras el mostrador
de la botica de Trainor
y me servía un buen trago
del frasco que decía:
Spiritus frumenti.

Sam Hookey

Huí de casa con el circo,
enamorado de mademoiselle Estralada,
la domadora de leones.
Una vez, tras tener a los leones sin comer
durante más de un día,
entré en la jaula y empecé a pegar a Brutus
y a Leo y a Gipsy,
tras lo cual Brutus me saltó encima
y me mató.
Al entrar en estos pagos
topé con una sombra que me injurió
y dijo que me lo merecía...
¡Era Robespierre!

Cooney Potter

Heredé cuarenta acres de mi padre
y, a fuerza de trabajar mi esposa, mis dos hijos y dos hijas
del alba al anochecer, adquirí
un millar de acres. Pero no contento,
deseando poseer dos millares,
me trajiné los años con hacha y arado,
bregando, privándome de mí, de mi esposa, mis hijos y mis hijas.
El señor Higbee no me hace justicia cuando dice
que me morí por fumar puros Red Eagle.
Comer pastel de carne y tragar café
en las horas sofocantes del tiempo de cosecha
me trajeron aquí antes de que cumpliera los sesenta.

Jones «el Violinista»

La tierra mantiene viva una vibración
ahí dentro en tu corazón, y eso eres tú.
Y si la gente ve que tocas el violín,
pues tienes que tocarlo, de por vida.
¿Qué ves, una cosecha de trébol?
¿O un prado por el que cruzar al río?
Hay viento en el maizal; te frotas las manos
ante las reses ya casi listas para el mercado;
O bien oyes un frufrú de faldas,
como cuando bailan las muchachas en Little Grove.
Para Cooney Potter, un pilar de polvo
o un remolino de hojas eran signo de sequía ruinosa;
a mí se me parecían a *Sammy el Pelirrojo*
zapateando al son de *Toor-a-Loor*.[10]
¿Cómo podía labrar yo mis cuarenta acres,
por no hablar ya de obtener más,
con ese popurrí de trompas, flautines y fagots
agitados en mi mente por cuervos y petirrojos
y el chirriar de un molino de viento…? ¿Acaso es poco?
Y jamás en la vida me entregué a arar
sin que parara alguien en el camino
y me llevara a bailar o a comer al campo.
Acabé con cuarenta acres;
acabé con un violín roto…
y una risa entrecortada, y un millar de recuerdos,
y ni un solo remordimiento.

---

10. *Too-Ra-Loo-Ra-Loo-Ral (That's an Irish Lullaby)* era una canción que disfrutaba de un pleno apogeo cuando se escribió la *Antología de Spoon River*. La compuso en 1913 James Royce Shannon, estadounidense de ascendencia irlandesa. *(N. de la T.)*

Nellie Clark

Yo tenía solo ocho años;
y antes de hacerme mayor y entenderlo
no tenía palabras para ello, salvo
que estaba asustada y se lo dije a mi madre;
y que mi padre cogió una pistola
y habría matado a Charlie, un muchacho grande
de quince años, de no ser por su madre.
Aquella historia, con todo, jamás me abandonó.
Pero el hombre que me desposó, un viudo de treinta y cinco,
era un recién llegado y jamás la oyó
hasta dos años después de casarnos.
Entonces se creyó engañado,
y el pueblo coincidió en que yo no era una virgen en verdad.
Pues bien, me abandonó, y yo morí
al invierno siguiente.

Louise Smith

Herbert rompió nuestro compromiso de ocho años
cuando Annabelle regresó al pueblo
del seminario. ¡Ay de mí!
Si hubiera dejado en paz mi amor por él
podría haber mudado en un bello dolor
—¿quién sabe?— que llenara mi vida de sanador perfume.
Pero lo torturé, lo emponzoñé,
lo dejé ciego y se convirtió en odio…
hiedra venenosa en vez de abrazadera.
Y se me desprendió el alma de su guía,
sus zarcillos enredados en putrefacción…
No permitáis que la voluntad os ajardine el alma
a menos que estéis seguros
de que es más sabia que la naturaleza de esa alma.

Herbert Marshall

Todo tu dolor, Louise, y tu odio hacia mí
brotaban de tu delirio de que fue un espíritu
disoluto y el desdén por los derechos de tu alma
lo que me hizo acudir a Annabelle y renegar de ti.
Llegaste en verdad a odiarme por amor a mí,
porque yo era la felicidad de tu alma,
fraguado y templado
para resolver tu vida por ti, y no lo hice.
Pero tú fuiste mi desdicha. ¿Si hubieras sido
mi felicidad, no me habría aferrado a ti?
Esta es la amargura de la vida:
que uno solo puede ser feliz si dos lo son,
y que nuestros corazones se sienten atraídos por estrellas
que no nos quieren.

George Gray

He estudiado muchas veces
la lápida que me labraron:
un barco con la vela recogida quieto en un puerto.
Lo cierto es que no retrata mi destino
sino mi vida.
Pues el amor se me ofreció y me amedrentó su desengaño;
el dolor llamó a mi puerta, pero tuve miedo;
la ambición me reclamó, pero temí los riesgos.
Y sin embargo siempre ansié darle un sentido a mi vida.
Y ahora sé que hay que desplegar la vela
y aprovechar los vientos del destino
allá donde lleven al barco.
Dar sentido a la vida puede acabar en locura,
pero la vida sin sentido es el tormento
de la zozobra y el deseo impreciso…
Es un barco que ansía el mar pero lo teme.

El honorable Henry Bennett

Nunca me vino a la mente
hasta que estaba a punto de morir
que Jenny me amó hasta la muerte, con maldad de corazón.
Pues yo tenía setenta, ella tenía treinta y cinco,
y me extinguí hasta una sombra tratando de hacer de esposo
para Jenny, rubicunda Jenny rebosante del ardor de la vida.
Pues ni todo mi saber ni mi ingenio
le daban deleite, a decir verdad,
pero de vez en cuando hablaba de la fuerza colosal
de Willard Shafer, y de su portentosa hazaña,
cuando sacó de la zanja un tractor en volandas
en cierta ocasión en lo de Georgie Kirby.
Así que Jenny heredó mi fortuna y se casó con Willard…
¡Esa montaña de músculos! ¡Esa alma bufonesca!

Griffy «el Tonelero»

Un tonelero debería saber de cubas.
Pero también aprendí de la vida,
y vosotros que vagáis por estas tumbas
creéis que sabéis lo que es la vida.
Creéis que vuestra vista abarca un ancho horizonte, tal vez;
lo cierto es que solo avistáis el interior de vuestra cuba.
No podéis alzaros hasta el borde
y ver el mundo externo de las cosas,
y al mismo tiempo veros.
Estáis inmersos en la cuba de vuestro ser…
Tabús y normas y apariencias
son las duelas de vuestra cuba.
¡Rompedlas y deshaced la brujería
de creer que vuestra cuba es la vida!
¡Y que sabéis lo que es la vida!

Sersmith «el Dentista»[11]

¿Creéis que odas y sermones,
y el tañido de campanas de iglesia,
y la sangre de ancianos y de jóvenes,
martirizados por la verdad que vieron
con ojos refulgentes de fe en Dios,
lograron los grandes cambios del mundo?
¿Creéis que el «Himno de Batalla de la República»
se habría escuchado si la posesión de esclavos
hubiera superado al dólar dominante,[12]
pese a la desmotadora de algodón de Whitney,
y al vapor y al hierro y al laminador
y a los telégrafos y la mano de obra blanca barata?
¿Os creéis que a Daisy Fraser
la hubieran agraviado y desahuciado
si la fábrica de conservas no hubiera precisado
de su casita y su terreno?
¿O creéis que el salón de póker
de Johnnie Taylor y el bar de Burchard
se habrían cerrado si el dinero perdido
y gastado en cerveza no hubiera revertido,
al cerrarlos, en Thomas Rhodes,
para mayores ventas de mantas y zapatos
y abrigos para niños y cunas de roble claro?
Y es que una verdad moral es un diente cariado
que hay que empastar con oro.

---

11. Sersmith consta en alguna edición como Sexmith, cambio que ha dado pie a no poca especulación pero que sigue siendo un misterio. *(N. de la T.)*
12. Es decir, si la esclavitud se hubiera ampliado a todos los estados en lugar de abolirse. Según Jerome Loving, el norte no habría cantado victoria —con su himno— ni se habría librado una guerra si la esclavitud hubiera sido económicamente viable fuera del sur. A este respecto, véase *The Spoon River Anthology*, Penguin Classics, 2008. *(N. de la T.)*

A. D. Blood

Si en el pueblo pensáis que mi labor fue buena,
que cerré las tabernas y acabé con los juegos de cartas,
y arrastré a la vieja Daisy Fraser ante el juez Arnett
en más de una cruzada para librar al pueblo de pecado;
¿por qué dejáis que Dora, la hija de la sombrerera,
y el hijo inútil de Benjamin Pantier
hagan cada noche de mi tumba su lecho impío?

Robert Southey Burke

Me gasté el dinero para que salieras alcalde,
A. D. Blood.
Derroché admiración por ti,
para mí eras el hombre casi perfecto.
Devoraste mi personalidad,
y el idealismo de mi juventud,
y la fuerza de una noble lealtad.
Y todas mis esperanzas en el mundo,
y toda mi confianza en la Verdad
se fundieron bajo el calor cegador
de mi devoción por ti,
y se moldearon a tu imagen.
Y luego, cuando supe lo que eras…
que tu alma era mezquina
y tus palabras, falsas
como tus dientes de porcelana blanquiazul…
y tus puños de celuloide…
odié el amor que sentía por ti,
me odié a mí mismo, te odié a ti,
por mi alma malograda y mi juventud malograda.
Y yo os digo a todos: guardaos de los ideales,
guardaos de entregar vuestro amor
a ningún hombre vivo.

Dora Williams

Cuando Reuben Pantier huyó y me desdeñó,
me fui a Springfield. Allí conocí a un beodo,
cuyo padre recién muerto le dejó una fortuna.
Se casó conmigo borracho. Mi vida era miserable.
Pasó un año, y un día lo hallaron muerto.
Aquello me hizo rica. Me marché a Chicago.
Al cabo de un tiempo conocí a Tyler Rountree, maleante.
Me marché a Nueva York. Un canoso magnate
se volvió loco por mí, así que... otra fortuna.
Murió una noche en mis brazos, ya sabéis.
(Durante años vi su cara amoratada.)
Por poco no se armó un escándalo. Me marché,
esta vez a París. Entonces ya era una mujer,
insidiosa, sutil, versada en el mundo y rica.
Mi bonito piso cerca de los Campos Elíseos
se tornó en centro de toda clase de gente,
músicos, poetas, dandis, artistas, nobles,
donde hablábamos francés y alemán, italiano, inglés.
Me casé con el conde Navigato, natural de Génova.
Nos fuimos a Roma. Me envenenó, creo.
Ahora, en el camposanto con vistas
al mar donde el joven Colón soñó nuevos mundos,
mirad qué han labrado: *Contessa Navigato*
Implora eterna quiete.

La señora Williams

Yo era la sombrerera,
de la que hablaban y mentían,
madre de Dora,
cuya extraña desaparición
se achacó a su crianza.
Mi vista, sensible a la belleza,
veía más allá de cintas
y broches y plumas,
sombreros de paja y de fieltro,
para realzar rostros bellos
y pelo negro y dorado.
Una cosa os diré
y otra preguntaré:
las ladronas de maridos
llevan polvos y abalorios
y sombreros a la moda.
Esposas, llevadlos vosotras.
Los sombreros pueden causar divorcios;
también los evitan.
Y ahora, dejad que os pregunte:
¿si a todos los hijos nacidos aquí, en Spoon River,
los hubiera criado el condado, en alguna parte en una granja,
y sus padres y madres hubieran sido libres
de vivir y gozar, de cambiar de pareja a su antojo,
creéis que Spoon River
habría sido peor?

William y Emily

¡La Muerte tiene algo
igual que el mismo amor!
Si con quien conocisteis la pasión
y el ardor del amor juvenil,
también, tras años de vida
juntos, sentís que el fuego se apaga,
y así os desvanecéis juntos,
gradualmente, débilmente, delicadamente,
como uno en brazos del otro,
partiendo desde la estancia familiar…
¡Ese es un poder de unión entre almas
igual que el mismo amor!

El juez del distrito

Tomad nota, paseantes, de las hondas erosiones
que la lluvia y el viento han mordido en mi lápida…
casi como si una Némesis o un odio intangibles
llevaran un tanteo contra mí,
pero para destruir, y no para preservar, mi memoria.
En vida fui el juez del distrito, hacedor de muescas,
que decidía casos según los puntos que anotaban los letrados
y no según la justicia del asunto.
¡Oh, lluvia y viento, dejad en paz mi lápida!,
pues peor que la ira de los agraviados,
las maldiciones de los pobres,
fue permanecer mudo, mas con la vista clara,
viendo que hasta Hod Putt, el asesino,
ahorcado por mi sentencia,
era inocente de alma comparado conmigo.

Jack «el Ciego»

Toqué el violín el día entero en la feria del condado.
Pero de vuelta a casa en el carro, Weldy *el Macho* y Jack McGuire,
que estaban fuera de sí, me hicieron tocar y tocar
al son de *Susie Skinner*, mientras hostigaban a los caballos
hasta que salieron desbocados.
Ciego como estaba, traté de bajarme,
cuando el carro cayó en la cuneta,
y me maté atrapado entre las ruedas.
Hay un ciego aquí con una frente
grande y blanca como una nube.
Y todos los violinistas, del más grande al más humilde,
escritores de música y narradores de historias,
nos sentamos a sus pies
a oírle cantar la caída de Troya.

John Horace Burleson

En la escuela gané el premio de composición
aquí en el pueblo,
y publiqué una novela antes de los veinticinco.
Fui a la ciudad a por temas y a enriquecer mi arte;
allí desposé a la hija del banquero,
y luego llegué a presidente del banco…
Siempre deseando tener tiempo
para escribir una novela épica sobre la guerra.
Entretanto, amigo de los grandes, y amante de las letras,
y anfitrión de Matthew Arnold y de Emerson.
Y orador de sobremesa, escritor de ensayos
para clubes locales. Al final traído aquí…
el hogar de mi niñez, ya sabéis…
Ni una ínfima placa en Chicago
que mantenga mi nombre vivo.
Qué grande es escribir el simple verso:
«¡Sigue ondeando, Océano profundo azul marino, sigue!».[13]

---

13. Verso de Byron que abre la estrofa CLXXIX de *Las peregrinaciones de Childe Harlod* y al que suele aludirse como una «oda al océano». *(N. de la T.)*

Nancy Knapp

Pues bien, ¿no veis que es así como fueron las cosas?
Compramos la granja con lo que heredó,
y sus hermanos y hermanas lo acusaron de envenenar
la mente de su padre contra el resto.
Y jamás tuvimos paz con nuestra hacienda.
La comalia se llevó al ganado, y las cosechas se perdieron.
Y al granero le cayó un rayo.
Así que hipotecamos la granja para seguir tirando.
Y él se volvió callado y andaba siempre inquieto.
Luego varios vecinos se negaron a hablarnos,
y se pusieron de parte de sus hermanas y hermanos.
Y yo no tenía a nadie, como quien puede decirse
en una época más tierna de la vida: «No importa,
fulanito es mi amigo, y si no me desquito
con un viajecito a Decatur».
Luego un hedor horrible infestó los cuartos.
Así que prendí fuego a las camas y la vieja casa embrujada
ardió en un rugir de llamas,
en tanto yo bailaba en el patio agitando los brazos,
mientras él lloraba como un buey que se muere de frío.

Barry Holden

El mismo otoño que mi hermana Nancy Knapp
prendió fuego a la granja
juzgaron al doctor Duval
por el asesinato de Zora Clemens,
y asistí al juzgado dos semanas
a escuchar a todos los testigos.
Estaba claro que la dejó encinta,
y no podía permitir
que el niño naciera.
Pues bien, ¿qué había de mí, con ocho hijos
y otro en camino, y la granja
hipotecada a Thomas Rhodes?
Y cuando volví a casa aquella noche
(tras escuchar la historia del paseo en calesa,
y el hallazgo de Zora en la cuneta),
lo primero que vi, allí mismo junto a los escalones,
donde los chicos habían revuelto la tierra en busca de lombrices,
¡fue el hacha!
Y en cuanto entré, allí estaba mi esposa,
de pie ante mí, preñada.
Empezó a hablar de lo de la granja hipotecada
y la maté.

Fallas, fiscal del Estado

Yo, que empuñaba el flagelo, destructor de balanzas,
castigador con látigos y espadas;
Yo, que odié a los infractores de la ley;
Yo, legalista, inexorable y amargo,
al llevar al jurado a ahorcar al loco, Barry Holden,
me quedé como al que mata una luz cegadora,
y desperté para enfrentarme a una Verdad con la frente
        ensangrentada:
un fórceps de acero manejado con torpeza por un médico
contra la cabeza de mi niño cuando entraba en la vida
lo dejó idiota.
Me volqué en los libros de ciencia
para cuidarlo.
Así es como el mundo de los enfermos mentales
se tornó en la labor de mi vida, y en mi mundo entero.
¡Pobre niño malogrado! Tú fuiste, al fin, el alfarero
y yo y todas mis buenas obras
las vasijas de tu mano.

Wendell P. Bloyd

Primero me acusaron de alterar el orden,
pues no había leyes sobre la blasfemia.
Luego me encerraron por demente,
y allí me mató a golpes un celador católico.
Esta fue mi ofensa:
Dije que Dios mintió a Adán, y que lo destinó
a llevar la vida de un idiota,
ignorante de que en el mundo hay mal igual que hay bien.
Y cuando Adán burló a Dios al comer de la manzana
y descubrió la mentira,
Dios lo expulsó del Edén para evitar que tomara
la fruta de la vida eterna.
¡Por Dios santo, vosotros, gente sensata,
he aquí lo que el propio Dios dice de ello en el libro del Génesis:
«Díjose Yavé Dios: "He aquí al hombre
hecho como uno de nosotros" (algo de envidia, ya veis),
"conocedor del bien y del mal" (expuesta la mentira de que todo
    es bueno);
que no vaya ahora a tender la mano
al árbol de la vida y, comiendo de él, viva para siempre".
Y lo arrojó Yavé Dios del jardín del Edén».
(Creo que la razón por la que Dios crucificó a su Hijo
para desentenderse de ese condenado lío, es porque
es propio de Él.)

Francis Turner

No podía correr ni jugar
de niño.
De hombre solo me podía mojar los labios,
no beber…
Pues la escarlatina me debilitó el corazón.
Y sin embargo aquí yazgo
consolado por un secreto que nadie salvo Mary sabe:
hay un jardín de acacias,
catalpas y frescas pérgolas de enredaderas…
Allí en aquella tarde de junio,
junto a Mary,
al besarla con el alma en los labios,
de pronto el alma salió volando.

Franklin Jones

Si hubiera vivido otro año
podría haber acabado mi máquina voladora,
y haberme hecho rico y famoso.
De ahí que esté bien que al artesano
que quiso esculpirme una paloma
le saliera más bien un pollo.
Pues ¿qué es todo sino salir del huevo
y corretear por el patio
hasta el día que te cortan el cuello?
¡Salvo que un hombre tiene mente de ángel
y ya ve el hacha desde el principio!

John M. Church

Fui apoderado de los ferrocarriles «Q»
y de la compañía que aseguró
a los propietarios de la mina.
Tiré de hilos con jueces y jurados,
y en tribunales supremos, para aplastar las demandas
de tullidos, de viudas y de huérfanos,
y así amasé una fortuna.
El colegio de abogados cantó mis alabanzas
con rimbombante determinación.
Y las coronas de flores fueron muchas…
Pero ¡las ratas devoraron mi corazón
y una serpiente anidó en mi cráneo!

Sonia «la Rusa»

Yo, nacida en Weimar
de madre que fue francesa
y padre alemán, un profesor erudito,
huérfana a los catorce,
me hice bailarina, llamada Sonia *la Rusa*,
y recorrí los bulevares de París,
muy pronto amante de duques y de condes,
y luego de artistas pobres y poetas.
A los cuarenta, demodé, fui a Nueva York
y conocí en el barco al viejo Patrick Hummer,
robusto y colorado, aunque pasaba ya de los sesenta;
venía de vender un cargamento
de reses en Hamburgo, la ciudad alemana.
Me trajo a Spoon River y aquí vivimos
durante veinte años; ¡nos creían casados!
Este roble a mi vera es el rincón favorito
de urracas que parlotean, parlotean el día entero.
¿Y por qué no? Si hasta mi polvo se ríe
al pensar en esa broma llamada vida.

Isa Nutter[14]

El doctor Meyers me dijo que tenía satiriasis,
y el doctor Hill, que leucemia...
Aunque yo sé lo que me trajo aquí;
tenía sesenta y cuatro pero el vigor de un hombre
de treinta y cinco o cuarenta.
Y no fue escribir una carta al día,
y no fue trasnochar siete días por semana,
y no fue la carga de pensar en Minnie,
y no fue miedo ni el temor de los celos,
ni la incesante tarea de tratar de entender
su maravillosa mente, ni compasión
por la desdichada vida que llevó
con su primer y su segundo esposo...
No fue nada de eso lo que me abatió...
Sino el clamor de las hijas y las amenazas de los hijos,
y el desdén y las injurias de mis parientes
hasta el día que me escabullí a Peoria
y me casé con Minnie a pesar de ellos.
¿Y por qué os asombra que hiciera testamento
en favor de la mejor y la más pura de las mujeres?

---

14. *Nutter* es «chiflado», «chalado», «loco de remate». Muchos nombres de la *Antología* están cargados de significado. En el poema siguiente, «La señora de Charles Bliss», *bliss* siginifica «felicidad». Y otros nombres son Church, Blood, Lively, Newcomer... Haría falta un librito aparte para desgranar el peso de todos esos significados. *(N. de la T.)*

Barney Hainsfeather

Si el tren de excursión a Peoria
solo hubiera descarrilado, podría haberme salvado…
Sin duda me habría salvado de este sitio.
Pero como también ardió, me confundieron
con John Allen, a quien mandaron al cementerio hebreo
de Chicago,
y a John conmigo, por eso yazgo aquí.
Ya era bastante malo llevar una tienda de ropa en este pueblo,
pero ser enterrado aquí… ¡Aj!

Petit «el Poeta»

Semillas en vaina seca, tic, tic, tic
tic, tic, tic, como ácaros riñendo…
tenues yambos que la brisa despierta…
Pero el pino hace una sinfonía con eso.
Triolets, villanelas, rondeles, rondós,
baladas a mansalva con la vieja reflexión:
las nieves y las rosas de ayer se han esfumado;
¿y qué es el amor sino una rosa que se marce?
La vida a mi alrededor aquí en el pueblo:
tragedia, comedia, valor y verdad,
coraje, constancia, heroísmo, fracaso…
¡Todo en el telar y, oh, qué estampados!
Bosques, prados, ríos y arroyos…
Ciego a todo mi vida entera.
Triolets, villanelas, rondeles, rondós,
semillas en vaina seca, tic, tic, tic,
tic, tic, tic, qué yambos tan pequeños,
mientras Homero y Whitman bramaban en los pinos.

Pauline Barrett

¡Casi la cáscara de una mujer después del bisturí!
Y casi un año para recuperar las fuerzas,
hasta que el alba de nuestro décimo aniversario
me halló como si fuera yo otra vez.
Cruzamos juntos el bosque,
por un sendero de musgo y turba mudos.
Pero no podía mirarte a los ojos
y tú no podías mirarme a los ojos,
pues tal era nuestro dolor… el asomo de gris en tu pelo,
y yo solo una cáscara de mí.
¿Y de qué hablamos?... Cielo y agua,
de cualquier cosa para ocultar lo que pensábamos.
Y luego tu regalo de rosas silvestres,
dispuesto en la mesa para adornar la cena.
¡Pobre cariño mío, con qué valentía luchaste
por imaginar y vivir un éxtasis del recuerdo!
Luego decayó mi ánimo según vino la noche,
y me dejaste sola en el dormitorio un rato,
como cuando era una novia, pobre cariño mío.
Y me miré al espejo y algo dijo:
«Una debería morir del todo cuando está medio muerta…
no simular nunca la vida, no engañar nunca al amor».
Y lo hice allí mirándome al espejo…
Querido, ¿has llegado a comprenderlo?

La señora de Charles Bliss

El reverendo Wiley me aconsejó que no me divorciara
por el bien de los niños,
y el juez Somers le aconsejó lo mismo a él.
Así que aguantamos hasta el fin del camino.
Pero dos de los niños le daban la razón,
y dos de los niños me daban la razón.
Y los dos que se pusieron de su parte me culparon,
y los dos que se pusieron de mi parte lo culparon.
Y cada cual se dolía de su parte.
Y estaban todos deshechos por la culpa de juzgar,
y sus almas torturadas por no poder admirarnos
de igual modo a él y a mí.
Pues bien, todo jardinero sabe que las plantas criadas en sótanos
o bajo las piedras son retorcidas y amarillas y endebles.
Y ninguna madre dejaría que su crío mamara
leche infectada de su pecho.
Y sin embargo jueces y pastores aconsejan criar almas
donde no hay luz del sol, solo crepúsculo,
no hay calidez, tan solo frío y humedad…
¡Jueces y pastores!

La señora de George Reece

A esta generación yo le diría:
memorizad algún verso sobre verdad o belleza.
Podría serviros en la vida.
Mi esposo no tenía qué hacer
cuando el banco quebró —era tan solo un cajero—.
La bancarrota se debió al presidente, Thomas Rhodes,
y a su hijo inútil y desvergonzado.
Pero a mi esposo lo mandaron a prisión,
y yo me quedé sola con los hijos,
que debía alimentar y vestir y educar.
Y lo hice, y los mandé
al mundo fuertes y limpios,
y todo gracias a la sabiduría de Pope, el poeta:
«Haz bien tu papel, en ello radica el honor».

El reverendo Lemuel Wiley

Di cuatro mil sermones,
oficié cuarenta revitalizaciones[15]
y bauticé a muchos conversos.
Pero ninguno de mis actos
brilla más en la memoria del mundo,
y ninguno atesoro yo más:
mirad cómo salvé a los Bliss del divorcio,[16]
y libré así a los niños del oprobio,
para que fueran hombres y mujeres de bien,
felices ellos, orgullo del pueblo.

---

15. Los llamados *revivals* eran misas que se oficiaban para ganar conversos, una suerte de maratones de predicación. En Estados Unidos estuvieron en auge durante el siglo XIX y por lo general se celebraban durante varias noches consecutivas. Los llevaban a cabo iglesias o congregaciones, y tenían lugar en iglesias, salones de actos o incluso en campamentos. No deben confundirse con los «avivamientos» o «despertares» (también llamados *revivals*), que se corresponden con movimientos religiosos de carácter global, y de los que se conocen dos en Estados Unidos: el Primer Gran Despertar (1730 y 1740) y el Segundo Gran Despertar (1790–1840). *(N. de la T.)*
16. En el original, *the Blisses from divorce*. Dado que *bliss* significa «felicidad», el original podría interpretarse irónicamente así: «¡Contemplad cómo salvé a las dichas (y por extensión a los dichosos) del divorcio...!». *(N. de la T.)*

Thomas Ross, hijo

Esto lo vi con mis ojos:
una golondrina
anidó en un hueco de la alta ribera de arcilla
cerca de Miller's Ford.
Pero apenas salieron del huevo los polluelos
una serpiente reptó hasta el nido
y devoró a las crías.
Entonces la madre golondrina, con rápido aleteo
y agudos graznidos,
luchó contra la serpiente,
cegándola a golpe de ala,
hasta que esta, retorciéndose y alzando la cabeza,
se cayó hacia atrás por la ribera
del río Spoon y se ahogó.
Apenas pasó una hora
cuando un alcaudón
empaló en un espino a la madre golondrina.
En cuanto a mí, yo dominé mis bajos instintos
para acabar destruido por la ambición de mi hermano.

El reverendo Abner Peet

No tuve ningún reparo
en subastar mis enseres
en la plaza del pueblo.
Eso dio la ocasión a mi amado rebaño
de obtener algo que fue mío
como recuerdo.
Pero ¡ese baúl que se despachó
a Burchard, el licorero!
¿Sabíais que contenía los manuscritos
de una vida entera de sermones?
Y los quemó como papel usado.

Jefferson Howard

¡Mi valerosa lucha!, pues la llamo valerosa,
con las creencias de mi padre de la vieja Virginia:
el odio a la esclavitud, pero no menos a la guerra.
Yo, rebosante de ímpetu, osadía, coraje,
arrojado a la vida aquí en Spoon River,
con sus fuerzas vivas de Nueva Inglaterra,
republicanos, calvinistas, mercaderes, banqueros,
odiándome, pero temerosos de mi brazo.
Con esposa e hijos, una carga pesada…
pero frutos de mi gusto por la vida.
Birlando algún placer que me costó prestigio,
y recogiendo males que no sembré;
enemigo de la iglesia con su humedad de osario,
amigo del calor humano de la taberna;
enmarañado en destinos ajenos a mí,
abandonado por manos que llamaba mías.
Entonces, cuando sentí mi fuerza colosal
falta de aliento, vi que mis hijos
habían enredado sus vidas en jardines más extraños…
¡Y me quedé solo, igual que empecé solo!
¡Mi valerosa vida! Morí de pie,
encarando el silencio… encarando la perspectiva
de que nadie sabría de mi lucha.

El juez Selah Lively

Suponed que solo midierais metro sesenta,
y ascendierais desde dependiente de colmado,
estudiando derecho a la luz de las velas,
hasta llegar a abogado.
Y luego suponed que gracias a vuestro celo
y asidua asistencia a la iglesia,
llegarais a apoderado de Thomas Rhodes,
cobrando pagarés e hipotecas,
y representando a las viudas
en el tribunal de testamentarías. Y que todo ese tiempo
se burlaran de vuestra estatura, y se rieran de vuestra ropa
y de vuestras lustrosas botas. Y luego suponed
que os convirtierais en juez del condado.
Y Jefferson Howard y Kinsey Keene
y Harmon Whitney y todos los gigantes
que os habían desdeñado, tuvieran que alzarse
ante el estrado y decir «Su Señoría»…
Pues bien, ¿no os parece natural
que se lo pusiera difícil?

Albert Schirding

Jonas Keene maldecía su suerte
porque todos sus hijos fracasaron.
Pero yo sé de un destino aún más duro:
fracasar cuando tus hijos triunfan.
Pues yo crie un nido de águilas
que volaron al fin, y me dejaron
como a un cuervo en la rama abandonada.
Luego, con la ambición de anteponer Honorable a mi nombre,
y así ganarme la admiración de mis hijos,
me presenté a superintendente de escuelas del condado,
invertí mis ahorros en ganar... y perdí.
Aquel otoño mi hija recibió el primer premio en París
por su cuadro, titulado *El viejo molino...*
(Era del molino de agua antes de que Henry Wilkin le pusiera
    vapor.)
La sensación de no ser digno de ella acabó conmigo.

Jonas Keene

¿Por qué se mató Albert Schirding
al no ser superintendente de escuelas del condado,
bendecido como estaba con un medio de vida
e hijos maravillosos que lo honraron
antes de que cumpliera los sesenta?
Si tan solo uno de mis hijos hubiera llevado un quiosco,
o una de mis hijas se hubiera casado con un hombre decente,
yo no hubiera tenido que andar bajo la lluvia
ni meterme en la cama con la ropa empapada,
y rehusar la ayuda del médico.

Eugenia Todd

¿Alguno de vosotros, paseantes,
tuvo una vieja muela que fue un constante malestar?
¿O un dolor en el costado que jamás os dejó del todo?
¿O un tumor maligno que creció con el tiempo?
¿Por lo que, aun en el sueño más profundo,
yaciera la vaga conciencia o la sombra de la idea
de la muela, del costado, del tumor?
¡Pues lo mismo el amor frustrado, o la ambición truncada
o el error que embrolló totalmente
vuestra vida hasta el final,
aflorarán, como una muela o un dolor en el costado,
en vuestros sueños en el sueño último,
hasta que la liberación perfecta de la esfera terrenal
os llegue como a quien despierta
curado y alegre por la mañana!

Yee Bow

Me mandaron a la catequesis dominical
en Spoon River
e intentaron que dejara a Confucio por Jesús.
No me podría haber ido peor
si yo hubiera intentado que dejaran a Jesús por Confucio.
Pues, sin previo aviso, cual si fuera una broma,
acercándose a hurtadillas por detrás, Harry Wiley,
el hijo del pastor, me hundió las costillas en los pulmones
de un puñetazo.
Ahora ya nunca dormiré con mis ancestros en Pekín,
y ningún hijo rendirá culto a mi tumba.

Washington McNeely

Rico, honrado por mis conciudadanos,
padre de muchos hijos, nacidos de madre noble,
criados todos allí
en la gran mansión, a las afueras del pueblo.
¡Fijaos en el cedro del jardín!
Mandé a los chicos a Ann Arbor, las chicas a Rockford,
y entretanto mi vida siguió, amasando más riqueza y honores…
Descansando bajo mi cedro al anochecer.
Pasaron los años.
Mandé a las chicas a Europa;
Les di la dote al casarse.
Di dinero a los chicos para que emprendieran negocios.
Eran hijos fuertes, prometedores como manzanas
antes de que se piquen.
Pero John dejó el país en la ignominia.
Jenny murió dando a luz…
Yo me senté bajo mi cedro.
Harry se mató tras una juerga,
Susan se divorció…
Yo me senté bajo mi cedro.
Paul se quedó impedido de tanto estudio,
Mary se recluyó en casa por amor a un hombre…
Yo me senté bajo mi cedro.
Todos estaban muertos, o con las alas rotas o devorados por la
    vida…
Yo me senté bajo mi cedro.
Mi compañera, la madre de todos, falleció…
Yo me senté bajo mi cedro
hasta que redoblaron noventa años.
¡Oh, Tierra maternal, que acuna hasta el sueño a la hoja caída!

Paul McNeely

¡Querida Jane! ¡Querida y encantadora Jane!
Qué sigilosa entrabas en el cuarto (donde yo yacía tan enfermo)
con tu cofia de enfermera y tus puños de lino,
y me tomabas la mano y me decías sonriendo:
«No está tan enfermo… Enseguida se pondrá bien».
Y cómo el líquido pensamiento de tus ojos
se hundía en los míos, igual que resbala el rocío
al corazón de una flor.
¡Querida Jane! La entera fortuna McNeely
no habría podido comprar tus cuidados,
de día y de noche, y de noche y día;
ni pagar tu sonrisa, ni el calor de tu alma,
en tus manos pequeñas sobre mi frente.
Jane, hasta que la llama de la vida se apagó
en la negrura sobre el disco de la noche,
anhelé y esperé estar bien de nuevo
para apoyar la cabeza en tus pequeños pechos
y estrecharte fuerte en un abrazo de amor.
¿Te dejó algo mi padre al morir,
Jane, querida Jane?

Mary McNeely

Paseante,
amar es encontrar tu alma
a través del alma de tu amado.
Cuando el amado se retira de tu alma
entonces la has perdido.
Está escrito: «Tengo un amigo,
pero mi dolor no tiene amigos».
De ahí mis largos años de soledad en la casa de mi padre,
tratando de recuperarme,
y de tornar mi dolor en un ser supremo.
Pero allí estaba mi padre con sus penas,
sentado bajo el cedro,
imagen que al fin se hundió en mi corazón
y me dio infinito reposo.
¡Oh, vosotras, almas que habéis creado vida
blanca y fragante como nardos
del negro suelo de la tierra,
paz eterna!

Daniel M'Cumber

Cuando fui a la ciudad, Mary McNeely,
quise volver por ti, así fue.
Pero Laura, la hija de mi casera,
se coló en mi vida no sé cómo y me hizo suyo.
Luego, a los pocos años, ¿a quién me encuentro
sino a Georgine Miner de Niles?... Retoño
del amor libre, de los jardines furieristas que brotaron
antes de la guerra en toda Ohio.[17]
Su amante diletante se hartó de ella,
y ella acudió a mí en busca de fuerza y de consuelo.
Era una especie de llorona
que uno toma en brazos y de pronto
te babea la cara con su nariz mocosa,
y te pone perdido de su esencia.
Luego te muerde la mano y se aparta de un salto.
¡Y ahí te quedas tú, sangrando y oliendo a rayos!
¡Ya lo ves, Mary McNeely, yo no era digno
de besar el dobladillo de tu bata!

---

17. Seguidores del teórico francés Charles Fourier (1772-1837), padre del utópico fourierismo, un sistema social cooperativista al que no le faltaron adeptos en Estados Unidos, donde fundaron colonias o «falanges», entre ellas un efímero experimento en Canton Township, Illinois, muy cerca de Lewiston, adonde la familia de Masters se trasladó en 1880 y donde el autor pasó su adolescencia y juventud. Lewiston, su cementerio de Oak Hill y su río, el Spoon, fueron fuente de inspiración para la *Antología de Spoon River*. En otro orden de cosas, se cree que este poema y el siguiente se inspiran en la aventura amorosa de Masters con Tennessee Mitchell, la que fuera su amante durante dieciocho meses entre 1909 y 1910. Fuente: *Spoon River Anthology, An Annotated Edition*, John E. Hallwas, University of Illinois Press, 1992. *(N. de la T.)*

Georgine Sand Miner

Una madrastra me echó de casa, y me amargó.
Un indio, haragán y diletante, me arrebató la virtud.
Durante años fui su amante —nadie lo supo—.
De él aprendí la astucia del parásito
con que me moví entre engaños, cual pulga sobre un perro.
No fui sino «muy íntima» con varios hombres todo el tiempo.
Entonces Daniel, el radical, me tuvo durante años.
Su hermana me llamaba su querida;
y Daniel me escribió: «Palabra vergonzosa que ensucia nuestro
      bello amor!».
Pero mi rabia se enroscó, preparando sus colmillos.
Luego metió baza mi amiga lesbiana.
Ella odiaba a la hermana de Daniel,
y Daniel odiaba a su esposo enano.
Y mi amiga vio la ocasión de una estocada venenosa:
¡Debía quejarme a la esposa del afán de Daniel!
Pero antes rogué a Daniel que volara conmigo a Londres.
«¿Por qué no quedarnos en la ciudad como hasta ahora?», preguntó.
Entonces me sumergí y me vengué de su rechazo
en los brazos de mi amigo diletante. Luego salí a la superficie
con la carta que Daniel me había escrito,
para probar que mi honor estaba intacto, y se la mostré a su esposa,
a mi amiga lesbiana y a todos.
¡Ojalá Daniel me hubiera matado de un tiro
en vez de desnudarme de mentiras,
una ramera en cuerpo y alma!

Thomas Rhodes

Muy bien, vosotros, liberales,
y navegantes de reinos intelectuales,
vosotros, marinos de imaginativas cumbres,
mecidos por corrientes erráticas, que tropezáis con bolsas de aire,
vosotros, Margarets Fuller Slack, Petits
y Tennessees Claflin Shopes…
con vuestra ostentosa sabiduría descubristeis
lo difícil que al final resulta
evitar que el alma se divida en átomos celulares.
Mientras nosotros, buscadores de tesoros terrenales,
compradores y acaparadores de oro,
somos autosuficientes, sólidos, armónicos,
incluso hasta el fin.

Ida Chicken

Después de asistir a las charlas
de nuestro Chautauqua,[18] y de estudiar francés
durante veinte años, y aprenderme la gramática
casi al dedillo,
pensé en hacer un viaje a París
para dar un lustre final a mi cultura.
Así que fui a Peoria a por un pasaporte…
(Thomas Rhodes estaba en el tren esa mañana.)
Y allí el funcionario del juzgado del distrito
me hizo jurar que apoyaría y defendería
la constitución —sí, incluso yo,
¡que no podía en absoluto defenderla ni apoyarla!—.
¿Y qué creéis que pasó? ¡Aquella misma mañana
el juez federal, en la sala contigua
a la sala donde yo había jurado,
decidió que la constitución
eximía a Rhodes de pagar impuestos
por la planta de agua de Spoon River!

---

18. El Chautauqua fue un movimiento centrado en la educación de adultos, muy extendido en Estados Unidos entre finales del siglo XIX y principios del XX. Su origen es religioso, pues se inició como un programa para formar a profesores de la catequesis dominical y personal de la iglesia, pero acabó ampliándose hasta ofrecer educación general a la par que ocio. Para más información, emúlese a Frank Drummer y léase la Enciclopedia británica, fuente de esta información. (N. de la T.)

Penniwit, «el Artista»

Perdí a mi clientela en Spoon River
por querer meterme dentro de la cámara
para captar el alma de la gente.
El mejor retrato que saqué en mi vida
fue el del juez Somers, doctor en leyes.
Se sentó derecho y me detuvo
hasta que enderezó su bizquera.
Luego, cuando estuvo listo, dijo «Proceda».
Y yo grité «¡Denegado!», y su ojo se disparó.
Y lo capté con la misma expresión que tenía
cuando decía «¡Protesto!».

Jim Brown

Mientras cuidaba a Dom Pedro[19]
di con la cosa que divide a los hombres entre los que están
a favor de cantar *Turkey in the Straw* o *There is a fountain filled
    with blood...*[20]
(como la cantaba Rile Potter en Concord);
a favor de las cartas o del sermón del reverendo Peet sobre
    la Tierra Santa;
a favor de mover el esqueleto o de pasar el platillo;
a favor de *Pinafore*[21] o de la cantata del catecismo;
a favor de los hombres o del dinero;
a favor del pueblo o en su contra.
Y era esto:
El reverendo Peet y el Club de la Pureza Social,
dirigido por la esposa de Ben Pantier,
acudieron a los concejales del pueblo
y les pidieron que me hicieran llevar a Dom Pedro
del establo de Wash McNeely, a las afueras del pueblo,
a un establo fuera del municipio
sobre la base de que corrompía la moral pública.
Pues bien, Ben Pantier y Jones *el Violinista* me salvaron...
Lo consideraron un agravio para los potros.

---

19. Un semental. *(N. de la T.)*
20. Ambas canciones populares que, según la edición anotada de John E. Hallwas, representan lo que Masters describió en su día como «la eterna lucha entre quienes quieren vivir y los que buscan la salvación, los que desean disfrutar de este mundo y los que solo lo ven como una antesala de otro». La primera, *Turkey in the Straw*, era un alegre tema favorecido por violinistas folclóricos; la segunda era un himno muy presente en servicios y campamentos religiosos. *Spoon River Anthology, An Annotated Edition*, John E. Hallwas, University of Illinois Press, 1992. *(N. de la T.)*
21. *H. M. S. Pinafore* (1878), popular ópera cómica de Gilbert y Sullivan representada por doquier en la época. *(N. de la T.)*

Robert Davidson

Engordé espiritualmente viviendo de las almas de los hombres.
Si veía un alma que era fuerte
hería su orgullo y devoraba su fuerza.
El refugio de la amistad conocía mi astucia,
pues donde podía robar un amigo, lo hacía.
Y siempre que podía agrandar mi poder
socavando la ambición, lo hacía,
a fin de favorecer la mía.
Y para triunfar sobre otras almas,
solo para afirmar y demostrar mi fuerza superior,
era para mí un placer
el puro regocijo de la gimnasia mental.
Devorando almas, debería haber vivido para siempre.
Pero sus restos indigestos me engendraron una nefritis mortal,
con miedo, agitación, abatimiento de espíritu,
odio, desconfianza, visión alterada.
Y al final me derrumbé con un chillido.
Acordaos de la bellota;
no devora a otras bellotas.

Elsa Wertman

Yo era una campesina de Alemania,
de ojos azules, fuerte y feliz.
Y el primer empleo que tuve fue en lo de Thomas Greene.
Un día de verano, estando ella fuera,
él se coló en la cocina y me tomó
en sus brazos y me besó en el cuello,
y yo volví la cabeza. Luego ninguno
parecía saber qué había pasado.
Y yo lloré por lo que sería de mí.
Y lloré y lloré según afloraba mi secreto.
Un día la señora Greene dijo que lo entendía,
y que no me daría problemas
y que, estando ella sin hijos, lo adoptaría.
(Él le había dado una granja para sosegarla.)
De modo que se encerró en casa y difundió rumores
como si le fuera a pasar a ella.
Y todo fue bien y nació el niño… ¡Fueron tan buenos conmigo!
Luego me casé con Gus Wertman, y pasaron los años.
Pero… en los mítines políticos, cuando los asistentes creían que
    lloraba
por la elocuencia de Hamilton Greene…
No era eso.
¡No! Yo quería decir:
¡Ese es mi hijo! ¡Ese es mi hijo!

Hamilton Greene

Fui el único hijo de Frances Harris de Virginia
y Thomas Greene de Kentucky,
ambos de sangre valiente y honorable.
A ellos les debo todo lo que fui:
juez, miembro del Congreso, líder de Estado.
De mi madre heredé
vivacidad, imaginación, elocuencia;
de mi padre, voluntad, criterio, lógica.
¡Para ellos los honores
por el servicio que presté al pueblo!

Ernest Hyde

Mi mente era un espejo:
veía lo que veía, sabía lo que sabía.
De joven mi mente era solo un espejo
en un coche a la carrera,
que capta y se pierde trozos del paisaje.
Con el tiempo,
en el espejo se abrieron grandes grietas,
dejando que entrara el mundo externo,
y dejando que mi yo interior mirara afuera.
Pues ese es el nacimiento del alma en pena,
un nacimiento con ganancias y pérdidas.
La mente contempla el mundo como algo aparte,
y el alma hace del mundo uno con ella.
Un espejo agrietado no refleja imágenes…
y ese es el silencio de la sabiduría.

Roger Heston

Ah, cuántas veces Ernest Hyde y yo
debatimos sobre el libre albedrío.
Mi metáfora preferida era la vaca de Prickett
atada a la hierba, y libre, ya sabéis, tanto
como larga era la cuerda.
Un día debatiendo eso, mirando cómo la vaca
tiraba de la cuerda para salir del cerco
que había dejado pelado de comerlo,
la estaca se salió y le dio en la cabeza
y echó a correr hacia nosotros.
«¿Qué es eso, libre albedrío o qué?», dijo Ernest, corriendo.
Yo me caí justo cuando me ensartó en la muerte.

Amos Sibley

En mí no había carácter, fortaleza ni paciencia, como
       creían los del pueblo que tenía
por soportar a mi esposa mientras seguía predicando,
haciendo la obra que Dios escogió para mí.
La detestaba por arpía, por libertina.
Sabía de sus adulterios, de cada uno.
Pero aun así, si me divorciaba,
debía renunciar al clero.
¡Así que para hacer la obra de Dios y cosecharla
cargué con ella!
¡Así me mentí a mí mismo!
¡Así le mentí a Spoon River!
Pero intenté dar clases, me presenté a elecciones,
vendí libros a domicilio, con una idea fija:
si gano dinero así, me divorcio.

La señora Sibley

El secreto de los astros, la gravitación.
El secreto de la tierra, capas de roca.
El secreto del suelo, recibir la semilla.
El secreto de la semilla, el germen.
El secreto del hombre, el sembrador.
El secreto de la mujer, el suelo.
Mi secreto: bajo un túmulo que nunca encontraréis.

Adam Weirauch

Quedé aplastado entre Altgeld y Armour.
Perdí muchos amigos, mucho tiempo y dinero
luchando por Altgeld, a quien Whedon, director del periódico,
denunció como candidato de tahúres y anarquistas.
Entonces Armour mandó a Spoon River carne limpia y preparada,
lo que me forzó a cerrar mi matadero,
y mi carnicería se fue a pique.
Las nuevas fuerzas de Altgeld y Armour me atraparon
al mismo tiempo.
Pensé que se me debía, para recobrar el dinero que perdí
y reconciliarme con los amigos que me abandonaron,
que el gobernador me nombrara inspector del canal.
En lugar de eso nombró a Whedon, del *Argus* de Spoon River,
así que me presenté a la asamblea y me eligieron.
Me dije al cuerno los principios y vendí mi voto
a la franquicia del tranvía de Charles T. Yerkes.
Naturalmente fui uno de los tipos a los que atraparon.
¿Quién fue, Armour, Altgeld o yo mismo
el que me arruinó?

Ezra Bartlett

Capellán en el ejército,
capellán en las cárceles,
predicador en Spoon River,
ebrio de divinidad, Spoon River…
pero acarreando vergüenza a la pobre Eliza Johnson,
y desprecio y desdicha para mí.
Pero ¿por qué no veréis nunca que el amor por las mujeres,
e incluso el amor por el vino,
son los estimulantes con que el alma, hambrienta de divinidad,
alcanza la visión extática
y vislumbra las vanguardias celestiales?
Solo tras muchas pruebas de fuerza,
solo cuando fracasa todo estímulo,
el alma deseosa
por su propio poder
encuentra lo divino
al reposar sobre sí misma.

Amelia Garrick

Sí, yazgo aquí junto a un rosal raquítico
en un lugar olvidado junto a la valla
donde la maleza del bosque de Siever
se ha adentrado dejando claros.
Y tú, tú eres una figura en Nueva York,
la esposa de un destacado millonario,
un nombre en las columnas de sociedad,
hermosa, admirada, tal vez magnificada
por el espejismo de la distancia.
Tú has triunfado, yo he fracasado
a ojos del mundo.
Tú estás viva, yo estoy muerta.
Y sin embargo, sé que doblegué tu espíritu;
y sé que al yacer aquí, lejos de ti,
ignorada entre tus grandes amigos
en el mundo brillante donde andas,
yo soy la verdadera fuerza inconquistable de tu vida
que la despoja del triunfo absoluto.

John Hancock Otis

En cuanto a la democracia, conciudadanos,
¿no estáis dispuestos a admitir
que yo, que heredé fortuna y nací en casa solariega,
fui más devoto que nadie en Spoon River
por la causa de la Libertad?
Mientras que mi coetáneo, Anthony Findlay,
que nació en una chabola y empezó la vida
de aguador de peones,
y luego de mayor se hizo peón,
y después, capataz de cuadrilla, hasta que llegó
a la superintendencia del ferrocarril,
y vivió en Chicago,
era un auténtico negrero,
que molía a los obreros,
y un feroz enemigo de la democracia.
Y yo os digo a vosotros, Spoon River,
y a ti, oh, República,
guardaos del hombre que asciende al poder
en mangas de camisa.

Anthony Findlay

Para el país y para el hombre,
e igual para un país que para un hombre,
es mejor ser temido que amado.
Y si este país prefiriera renunciar
a la amistad de todas las naciones
antes que ceder su riqueza,
yo digo que para un hombre es peor perder
dinero que amigos.
Y rasgo el velo que oculta el alma
de una antigua aspiración:
cuando la gente clama libertad
en realidad busca poder sobre los fuertes.
Yo, Anthony Findlay, que me elevé a la grandeza
siendo un humilde aguador,
hasta que pude decir a miles «Ven»
y a miles «Vete»,
afirmo que un país jamás podrá ser bueno,
ni alcanzar nada bueno,
si los fuertes y sabios no tienen la vara
para usarla con los zotes y los débiles.

John Cabanis

No fue ni la maldad, conciudadanos,
ni el olvido de los perezosos,
ni la anarquía ni el derroche
bajo la democracia en Spoon River
por los que abandoné el partido de la ley y el orden
para dirigir el partido liberal.
¡Conciudadanos! Yo vi como un clarividente
que cada hombre de los millones de hombres
que se entregan a la Libertad,
y fracasan cuando la Libertad fracasa,
y sufren el despilfarro y la anarquía,
y el gobierno de los débiles y ciegos,
muere en la ilusión de levantar la tierra,
como el pólipo del coral, para que el templo
se alce al final.
¡Y juro que la Libertad librará hasta el fin
la guerra para hacer a toda alma
sabia y fuerte, y tan apta para el gobierno
como los nobles guardianes de Platón
en un mundo rodeado de repúblicas!

El desconocido

Vosotros, ambiciosos, escuchad la historia del desconocido
que yace aquí sin lápida que marque su tumba.
De muchacho, temerario y disoluto,
deambulando por el bosque arma en mano
cerca de la mansión de Aaron Hatfield,
disparé a un halcón posado en la copa
de un árbol muerto.
Cayó con un grito gutural
a mis pies, con un ala rota.
Luego lo metí en una jaula
donde vivió muchos días graznándome con ira
cuando le ofrecía comida.
Busco a diario en los dominios de Hades
el alma de ese halcón,
para ofrecerle la amistad
de uno a quien la vida hirió y enjauló.

Alexander Throckmorton

De joven mis alas eran fuertes e incansables,
pero no conocía los montes.
De viejo conocí los montes
pero mis cansadas alas no podían seguir mi visión.
El genio es sabiduría y juventud.

Jonathan Swift Somers

Cuando hayáis enriquecido el alma
hasta las cotas más altas,
con libros, reflexión, dolor, la comprensión de muchas
    personalidades,
el don de interpretar miradas, silencios,
las pausas en transformaciones cruciales,
el genio de la profecía y la adivinación,
de modo que a veces os creáis capaces de contener el mundo
en el hueco de la mano;
entonces, si, por la acumulación de tantos dones
entre los confines del alma,
el alma se prende,
y en el incendio del alma
el mal del mundo se ilumina y aclara…
agradeced si en esa hora de visión suprema
la vida no os engaña.

La viuda McFarlane

Yo era la viuda McFarlane,
tejedora de alfombras para el pueblo.
Y me apiado de vosotros, aún en el telar de la vida,
vosotros que cantáis a la lanzadera
y admiráis con amor la labor de vuestras manos,
si alcanzáis la edad del odio, de la horrible verdad.
Pues el paño de la vida está tejido, ya sabéis,
conforme a un patrón oculto bajo el telar…
¡Un patrón que nunca veis!
Y tejéis animados, cantando, cantando,
reserváis los hilos del amor y la amistad
para las nobles figuras de oro y púrpura.
Y mucho después de que otros ojos vean
que habéis tejido una tira de paño blanca como la luna,
os reís en vuestra convicción, pues la Esperanza la decora
con formas de amor y de belleza.
¡El telar se para en seco! ¡Aflora el patrón!
¡Estáis solos en el cuarto! ¡Habéis tejido un sudario!
¡Y el odio que os inspira os envuelve en él!

Carl Hamblin

La imprenta del *Clarion* de Spoon River se arruinó,
y a mí me alquitranaron y emplumaron,
por publicar esto el día que ahorcaron a los
    anarquistas en Chicago:
«Vi a una mujer hermosa con los ojos vendados
de pie en las escaleras de un templo de mármol.
Un gran gentío desfiló ante ella,
alzando sus rostros suplicantes.
En la mano izquierda llevaba una espada,
y la blandía,
a veces golpeando a un niño; otras, a un obrero;
otras, a una provocadora; otras, a un lunático.
En la mano derecha llevaba una balanza;
en la balanza echaban monedas de oro
quienes burlaban los golpes de la espada.
Un hombre de toga negra leía un manuscrito:
"Ella no respeta a las personas".
Entonces un joven con una gorra roja
saltó a su lado y le arrancó la venda.
Y hete aquí que habían sido roídas las pestañas
de los párpados supurantes;
un moco lechoso sellaba los ojos;
la locura de un alma moribunda
estaba escrita en su rostro…
pero el gentío entendió por qué llevaba la venda».

Whedon, director del periódico

Ser capaz de entender cada aspecto de cada pregunta;
estar a cada lado, serlo todo, no ser nada mucho tiempo;
pervertir la verdad, abanderarla con un fin,
usar grandes sentimientos y pasiones de la familia humana
para designios bajos, con fines maliciosos,
llevar una máscara como los actores griegos
—tu periódico de ocho páginas—, tras la cual te agazapas,
bramando por el megáfono de los titulares:
«Este soy yo, el gigante».
Llevar así la vida de un ratero,
envenenado con las palabras anónimas
de tu alma clandestina.
Echar tierra a un escándalo por dinero
y exhumarlo a los cuatro vientos por venganza,
o para vender periódicos,
aplastando reputaciones, o cuerpos, si es necesario,
para ganar a toda costa, para salvar tu vida.
Disfrutar de poder demoníaco, dejando a la civilización en la cuneta,
como un muchacho paranoico pone un tronco en las vías
y hace que descarrile el tren expreso.
Ser editor de periódico, como era yo.
Luego yacer aquí cerca del río en el lugar
adonde afluyen las aguas negras desde el pueblo,
y donde se arrojan basura y latas vacías,
y se ocultan abortos.

Eugene Carman

¡Esclavo de Rhodes! Vendiendo zapatos y guinga,
harina y tocino, petos, ropa, todo el día
catorce horas al día trescientos treinta días
durante más de veinte años.
Diciendo «Sí, señora» y «Sí, señor» y «Gracias»
mil veces al día, y todo por cincuenta dólares al mes.
Viviendo en este apestoso cuarto del ruinoso «Commercial».[22]
Y obligado a ir a catequesis los domingos, y escuchar
al reverendo Abner Peet ciento cuatro veces al año
durante más de una hora seguida,
porque Thomas Rhodes dirigía la iglesia
además del banco y el colmado.
Así que al anudarme la corbata esa mañana
me vi de pronto en el espejo:
el pelo, todo gris; el rostro, como un pastel embebido.
Así que renegué y renegué: ¡Tú, maldito vejestorio!
¡Tú, perro cobarde! ¡Tú, podrido miserable!
¡Tú, esclavo de Rhodes! Hasta que Roger Baughman
creyó que reñía con alguien,
y miró por el dintel justo a tiempo
de verme caer al suelo desplomado
por una vena rota en la cabeza.

---

22. Hotel. *(N. de la T.)*

Clarence Fawcett

La repentina muerte de Eugene Carman
me puso a tiro para un ascenso a cincuenta dólares al mes,
y aquella noche se lo dije a mi esposa y a mis hijos.
Pero el ascenso no llegó, de modo que creí
que el viejo Rhodes sospechaba que robé
las mantas que sustraje y vendí bajo mano
para pagar al médico de mi pequeña.
Entonces el viejo Rhodes me acusó raudo como un rayo,
y me prometió piedad por el bien de mi familia
si confesaba, así que confesé,
y le rogué que lo ocultara a los periódicos,
y lo mismo pedí a sus directores.
Aquella noche el alguacil vino a por mí
y todos los periódicos, excepto el *Clarion*,
me tacharon de ladrón,
pues el viejo Rhodes era un anunciante
y quería dar ejemplo conmigo.
¡Oh!, bueno, ya sabéis cómo lloraron los niños,
y cómo mi esposa me tuvo lástima y me odió,
y cómo fue que llegué hasta aquí.

W. Lloyd Garrison Standard

Vegetariano, sumiso, librepensador; en ética, un cristiano;
buen orador al estilo artificioso de Ingersoll;
carnívoro, vengador, creyente y pagano;
contenido, promiscuo, voluble, traicionero, vanidoso;
orgulloso, con ese orgullo que hace de la lucha objeto de risa;
con el corazón roído por el gusano de la desesperación teatral;
bajo un barniz de indiferencia para ocultar el rubor de la derrota;
yo, hijo del idealismo abolicionista:
una especie de Brand a medias.[23]
¿Qué otra cosa podía hacer cuando defendí
a los patrióticos granujas que quemaron los juzgados,
para darle unos nuevos a Spoon River,
que declararlos culpables? Cuando Kinsey Keene atravesó
la máscara de cartón que era mi vida con una lanza de luz,
¿qué podía hacer sino escabullirme a un rincón y gruñir,
como la bestia que soy y crie desde que era un cachorro?
La pirámide de mi vida no era sino una duna,
yerma e informe, destruida al fin por la tormenta.

---

23. Alusión a *Brand,* obra de Henrik Ibsen, y a su homónimo protagonista, un sacerdote idea-
lista obsesionado con la coherencia cuya visión radical lo lleva derecho a su destrucción. El
personaje de este poema sufre del mismo delirio absolutista pero cae en la contradicción.
Fuente: *Spoon River Anthology, An Annotated Edition,* John E. Hallwas, University of Illinois Press,
1992. *(N. de la T.)*

El profesor Newcomer

Todos se rieron del coronel Prichard
por comprar un motor tan potente
que se averió solo y averió el molino
que marchaba con él.
Pero he aquí una broma de dimensiones cósmicas:
el impulso natural que hizo al hombre
desarrollar una vida espiritual con su cerebro
—¡oh, milagro del mundo!—,
el mismo cerebro con que el simio y el lobo
se procuran comida y abrigo y procrean.
¡La Naturaleza obliga al hombre a hacer esto
en un mundo donde no le da nada que hacer,
al fin y al cabo —aunque gire la fuerza de su alma
en un fútil desperdicio de energía
para engranarse en los molinos de los dioses—,
más que procurarse comida y abrigo y procrear!

Ralph Rhodes

Todo cuanto dijeron era cierto;
arruiné al banco de mi padre con mis préstamos
para especular con trigo; pero además era cierto
que también compraba trigo para él,
pues él no podía hacer negocios en su nombre
por su relación con la iglesia.
Y mientras George Reece cumplía su condena
yo perseguí la quimera de las mujeres
y la farsa del vino en Nueva York.
Es letal asquearse de vino y de mujeres
cuando no queda otra cosa en la vida.
Pero imaginad que vuestra cabeza está cana e inclinada
sobre una mesa cubierta de acres colillas
de cigarrillos y vasos vacíos,
y se oye llamar a la puerta, y sabéis que es la llamada
ahogada tanto tiempo por el ruido de botellas descorchadas
y los graznidos de pavo real de las mujeres de vida alegre…
y alzáis la vista, y ahí está vuestro Ladrón,
que esperó hasta que se os encaneció el pelo
y el corazón os daba vuelcos para deciros:
«Se acabó la partida. Es a ti a quien llamo.
Llégate hasta Broadway y déjate atropellar;
te mandarán de vuelta a Spoon River».

Mickey M'Grew

Fue como todo en la vida:
me hundió algo ajeno a mí,
mi fuerza jamás flaqueó.
Pues hubo un tiempo en que gané dinero
con el que irme lejos a estudiar,
pero de pronto a mi padre le urgió ayuda
y tuve que dárselo todo.
Y así fue la cosa hasta que acabé
de chico para todo en Spoon River.
Entonces fui a limpiar la torre de agua,
y me elevaron a setenta pies,
me desaté la cuerda de la cintura
y riendo eché mis brazos colosales
sobre los suaves labios de acero del borde de la torre…
¡Pero resbalaron en el traicionero fango,
y me hundí, me hundí, me hundí,
a través de una bramante oscuridad!

Rosie Roberts

Estaba asqueada, pero aún estaba más furiosa
con la policía corrupta, y con el juego corrupto de la vida.
De modo que escribí al jefe de policía de Peoria:
«Aquí estoy en mi casa familiar de Spoon River,
consumiéndome poco a poco.
Vamos, arrésteme; yo maté al hijo
del rey del comercio, en lo de Madam Lou,
y los periódicos que dijeron que se mató
en su casa mientras limpiaba una escopeta
mintieron como bellacos para acallar el escándalo
a cambio del soborno de la publicidad.
Le disparé en mi cuarto, en lo de Madam Lou,
porque me arrojó al suelo cuando dije
que, pese a todo el dinero que él tenía,
yo me vería con mi amante aquella noche».

Oscar Hummel

Atravesé la oscuridad a trompicones,
con el cielo brumoso y unas pocas estrellas
que seguía como podía.
Eran las nueve en punto, trataba de llegar a casa.
Pero no sé cómo me perdí,
aunque nunca dejé la carretera.
Luego crucé una puerta dando tumbos y entré a un patio
y grité con todas mis fuerzas:
«¡Oh, Violinista! ¡Oh, señor Jones!».
(Pensé que era su casa y me guiaría hacia la mía.)
Pero ¿quién salió de allí sino A. D. Blood,
con su camisa de dormir, blandiendo un bastón,
y bramando sobre las malditas tabernas
y los criminales que engendraban?
«¡Tú, borracho de Oscar Hummel!», dijo,
mientras yo me tambaleaba,
encajando sus golpes de bastón
hasta que caí muerto a sus pies.

Roscoe Purkapile

Ella me amaba. ¡Oh, cómo me amaba!
Jamás tuve ocasión de huir
desde el día en que me vio.
Pero después de casarnos pensé
que quizá demostraría que era mortal y me liberaría,
o que quizá se divorciaría.
Pero pocas mueren, ninguna renuncia.[24]
Entonces me fui de casa y estuve un año de juerga.
Pero nunca se quejó. Dijo que todo iría bien,
que yo volvería. Y es verdad que volví.
Le dije que, mientras me daba un paseo en barca,
me capturaron cerca de Van Buren Street
unos piratas en el lago Michigan,
y que me encadenaron, así que no pude escribirle.
¡Ella lloró y me besó, y dijo que aquello era cruel,
monstruoso, inhumano!
Entonces concluí que nuestro matrimonio
era un designio divino
y no podía disolverse
salvo con la muerte.
Tenía razón.

---

24. *Few die, none resign* es el parafraseo de lo que Thomas Jefferson dijo en una carta a un grupo de mercaderes de New Haven, Connecticut, en 1801: «Si la debida participación en el poder político es una cuestión de derecho, ¿cómo se obtienen las vacantes? Las que se obtienen por defunción son pocas. Por dimisión, ninguna». Fuente: *Thomas Jefferson Encyclopedia*, Monticello. org. *(N. de la T.)*

La señora Purkapile

Se fue y estuvo un año fuera.
Cuando volvió me contó esa tontería
de que lo raptaron unos piratas en el lago Michigan
y que lo encadenaron, así que no pudo escribirme.
Fingí que lo creía, aunque sabía muy bien
lo que tramaba, y que se veía
con la sombrerera, la señora Williams, de vez en cuando,
siempre que iba a la ciudad por género, como ella decía.
Pero una promesa es una promesa
y el matrimonio es el matrimonio,
y por respeto a mi persona
me negué a verme arrastrada a un divorcio
por el ardid de un marido que se había cansado
de sus votos y deberes conyugales.

Josiah Tompkins

Yo era bien conocido y muy querido
y rico, según se juzgan las fortunas
en Spoon River, donde viví y trabajé.
Aquel era mi verdadero hogar,
aunque todos mis hijos se habían ido
—como es ley de vida—, todos menos uno.
El muchacho, que era el pequeño, se quedó en casa
para ser mi apoyo en mis últimos años
y el consuelo de su madre.
Pero yo fui menguando mientras él se crecía
y reñía conmigo acerca del negocio,
y su esposa dijo que yo era un estorbo;
y él se ganó a su madre para su causa,
hasta que me arrancaron para trasplantarme
con ellos a Missouri, donde ella se crio.
Y al fin tanto se perdió de mi fortuna
que aunque hice el testamento como él dijo
poco provecho le hizo.

La señora Kessler

El señor Kessler, ya sabéis, fue militar,
y tenía seis dólares mensuales de pensión,
y hablaba de política en la calle
o leía en casa las *Memorias* de Grant;[25]
y yo mantuve a la familia lavando,
descubriendo los secretos de todos
por sus cortinas, sus colchas, sus camisas y sus faldas.
Pues todo lo nuevo envejece al fin,
y lo remplaza algo mejor o nada:
la gente prospera o se malogra.
Y con el tiempo aumentan los jirones y remiendos,
no hay aguja ni hilo que frene el declive,
y algunas manchas engañan al jabón,
y algún color destiñe a tu pesar;
aun así te culpan de arruinar un vestido.
Pañuelos, mantelería, guardan secretos…
Lo sabe bien la lavandera que es la Vida.
Y yo, que asistí a todos los funerales
de Spoon River, juro que nunca
vi un rostro muerto sin que me pareciera
algo lavado y planchado.

---

25. Las memorias de Ulysses S. Grant, un superventas en la época. *(N. de la T.)*

Ᏼarmon Ꮃhitney

Fuera de las luces y el fragor de las ciudades,
como una chispa a la deriva en el río Spoon,
quemado por el fuego del alcohol, y destrozado,
amante de una mujer a quien tomé por desdén,
aunque también para ocultar mi orgullo herido.
Ser juzgado y detestado por un pueblo de mediocres...
Yo, agraciado con el don de las lenguas y el saber,
hundido en el polvo de los juzgados,
coleccionista de harapos en la basura de agravios y rencores...
¡Yo, a quien la fortuna sonreía! Yo, en un pueblo,
espurreando folios de versos a pueblerinos boquiabiertos,
fruto del acervo de los años dorados,
o suscitando la risa con un destello de ingenio obsceno
cuando pagaban las copas para excitar mi mente moribunda.
Ser juzgado por vosotros,
a quienes ocultaba mi verdadera alma,
con su herida gangrenada
por el amor de una esposa que causó la herida,
con su frío blanco seno, traicionero, puro y duro,
despiadado hasta el fin, cuando el tacto de su mano,
en cualquier momento, me habría curado del tifus
contraído en la jungla de la vida donde tantos se pierden.
Y tan solo pensar que mi alma no supo responder,
como la de Byron, con el canto, con algo noble,
sino que se volvió contra sí misma como una serpiente torturada...
¡Júzgame de este modo, oh, mundo!

Bert Kessler

Herí a mi pájaro en el ala,
aunque volaba al sol poniente;
pero cuando se oyó el disparo, remontó el vuelo,
arriba, arriba entre las esquirlas de luz dorada,
hasta que se dio la vuelta por entero, las plumas erizadas,
con parte del plumón flotando alrededor,
y cayó a la hierba cual plomada.
Me abrí paso, apartando la maleza,
hasta que vi una mancha de sangre en un tocón,
y la codorniz caída junto a sus raíces podridas.
alargué la mano y no vi ninguna zarza,
pero algo la picó, la punzó, la entumeció.
Y luego, al instante, vi el cascabel…
las pupilas dilatadas en sus ojos amarillos,
la cabeza arqueada, retrepada sobre sus anillos,
un círculo de mugre del color de las cenizas,
o de hojas de roble blanquecinas bajo la hojarasca.
Me quedé petrificado mientras retrocedía y se desenroscaba
y empezaba a reptar bajo el tocón,
cuando caí sin fuerzas en la hierba.

Lambert Hutchins

Tengo dos monumentos además de este obelisco de granito:
uno, la casa que levanté en la colina,
con sus torres, sus ventanales y su tejado de pizarra;
el otro, a orillas del lago en Chicago,
donde el tren tiene un patio de maniobras,
con locomotoras sibilantes y ruedas chirriantes,
que llenan la ciudad de humo y hollín,
y el estruendo del tráfico en el paseo…
la mancha de un cuchitril en el puerto
de una gran metrópolis, fétida como una pocilga.
Yo ayudé a dejar ese legado
a generaciones por venir, con mi voto
en la Cámara de Representantes,
y el encanto de aquello era librarse
del constante temor a la necesidad,
y ofrecer a mis hijas buena cuna
y una sensación de seguridad en la vida.
Pero, ya veis, aunque tenía la mansión
y bonos de viaje y prestigio local,
siempre oía los rumores, rumores, rumores,
allí donde fuera, y mis hijas crecieron
con el gesto de quien está a punto de llevarse un golpe;
y se casaron a tontas y a locas,
solo para marcharse y cambiar de aires.
¿Y de qué sirvió todo aquello?
¡Pues bien, no sirvió de un carajo!

Lillian Stewart

Yo fui la hija de Lambert Hutchins,
nacida en una choza junto al molino,
criada en la mansión de la colina,
con sus torres, sus ventanales y su tejado de pizarra.
¡Qué orgullosa estaba mi madre de la mansión!
¡Qué orgullosa del triunfo de mi padre en el mundo!
Y cómo nos quería mi padre y nos cuidaba,
y cómo custodiaba nuestra felicidad.
Pero para mí la casa era un castigo,
pues sin ella la fortuna de padre era escasa;
y cuando mi esposo se vio casado
con una muchacha tan pobre,
se burló de mí por lo de las torres
y tachó la casa de estafa,
un cebo traicionero para jóvenes, que prometía
una dote inexistente;
y dijo que un hombre, por vender su voto,
debería sacar de la traición al pueblo
tanto como para dar un techo a toda su familia.
Me amargó la vida hasta que regresé
y viví cual solterona hasta la muerte,
cuidando de la casa para padre.

Hortense Robbins

Mi nombre salía a diario en los periódicos
por haber cenado en algún sitio,
o viajado a alguna parte,
o alquilado una casa en París,
donde entretenía a la nobleza.
Estaba siempre comiendo o viajando,
o tomando las aguas en Baden-Baden.
Ahora estoy aquí para honrar
a Spoon River, aquí junto a la familia en que nací.
¡A nadie le importa ya dónde cené,
o viví, o a quién entretuve,
o cuánto tomaba las aguas en Baden-Baden!

Batterton Dobyns

¿Correteaba mi viuda
de Mackinac a Los Ángeles,
reposando y bañándose y sentada una hora larga
a una mesa de sopa y de fiambres
y exquisitos dulces y café?
Yo morí en la flor de la vida
de agotamiento por trabajo y ansiedad.
Pero siempre pensaba: «Si algo pasa
tengo mi seguro al día,
y hay algo en el banco,
y un pedazo de tierra en Manitoba».
Pero cuando me iba tuve una visión
en un último delirio:
me vi yaciendo clavado en una caja
con corbata de batista blanca y una flor en el ojal.
Y a mi esposa, sentada junto a una ventana,
algo apartada contemplando el mar;
parecía tan descansada, rubicunda y gruesa,
aunque tenía el pelo blanco.
Y sonrió y le dijo a un camarero negro:
«Otra loncha de rosbif, George.
Toma una moneda por la molestia».

Jacob Godbey

¿Cómo os sentisteis, vosotros, libertarios,
que malgastasteis talento juntando nobles razones
en las tabernas, como si la Libertad
no se hallara más que en un bar
o en una mesa, empinando el codo?
¿Cómo os sentisteis, Ben Pantier y compañía,
que casi me lapidasteis por tirano,
tachándome de moralista
y asceta avinagrado que renegaba del budín de Yorkshire,
el rosbif y la cerveza y la buena voluntad y la sana alegría...
cosas que jamás visteis en una licorería en vuestra vida?
¿Cómo os sentisteis después de mi muerte,
cuando vuestra diosa, Libertad, desenmascarada como una furcia,
vendió las calles de Spoon River
a los gigantes insolentes
que dirigían las tabernas desde lejos?
¿Se os ocurrió acaso que esa libertad personal
es la libertad de pensamiento
más que de la tripa?

Walter Simmons

Mis padres creían que sería
tan grande como Edison o más:
pues de niño fabricaba globos
y asombrosas cometas y juguetes con relojes
y pequeñas locomotoras con sus vías
y teléfonos de lata y cuerda.
Tocaba la corneta y pintaba cuadros,
esculpía en arcilla y encarné el papel
del villano en el *Octoroon*.[26]
Pero a los veintiuno me casé
y tenía que vivir, y para vivir
aprendí el oficio de relojero
y llevé la joyería de la plaza,
pensando, pensando, pensando, pensando…
no en el negocio, sino en el motor
del que hice cálculos para construir.
Y toda Spoon River observaba y aguardaba
verlo funcionar, pero nunca funcionó.
Y unas cuantas almas buenas creyeron que la tienda
había entorpecido mi ingenio.
No era verdad. La verdad era
que no tenía talento.

---

26. Obra de teatro de Dion Boucicault que se estrenó en 1859 y fue muy popular en la época. El término *octoroon* designa a una persona con un octavo de sangre negra. *(N. de la T.)*

Tom Beatty

Yo era abogado como Harmon Whitney
o Kinsey Keene o Garrison Standard,
pues litigué por los derechos de propiedad,
aunque a la luz de una lámpara, durante treinta años,
en esa sala de póker del teatro.
Y yo os digo que la vida es un tahúr
que nos saca a los demás una cabeza.
Ningún alcalde vivo puede cerrar la casa.
Y si pierdes, chilla cuanto quieras;
no te devolverán el dinero.
Ella nos disputa la tajada;
reparte cartas para cogerte en falta
y no enfrentarse a tu fuerza.
Y te da para jugar setenta años:
pues si no ganas en setenta
no ganarás jamás.
De modo que, si pierdes, deja la sala…
deja la sala cuando llegue tu hora.
Es miserable quedarse y manosear las cartas,
y maldecir tus pérdidas, con la mirada baja,
lloriqueando por probar suerte una vez más.

Roy Butler

Si el docto Tribunal Supremo de Illinois
diera con el meollo en cada caso
tan bien como en los casos de violación
sería el mejor tribunal del mundo.
Un jurado, casi todo vecinos, con Weldy *el Macho*
de presidente, me halló culpable en diez minutos
y dos votaciones en el caso que sigue:
Richard Bandle y yo reñimos por una valla,
y mi esposa y la señora Bandle discutieron
sobre si Ipava era mejor ciudad que Table Grove.
Yo desperté una mañana con el amor de Dios
rebosando en mi corazón, así que fui a ver a Richard
para zanjar lo de la valla como buen cristiano.
Llamé a la puerta y abrió su esposa;
me sonrió y me invitó a pasar; yo entré…
Cerró la puerta y se echó a gritar,
«¡Aparta esas manos, canalla rastrero!».
Y entonces entró su esposo.
Yo agité las manos, con un nudo en la garganta.
Él fue por su escopeta y salí corriendo.
Pero ni el Tribunal Supremo ni mi esposa
le creyeron a ella una palabra.

Searcy Foote

Quería ir a la universidad
pero la rica tía Persis no quiso ayudarme.
Así que cuidé jardines y rastrillé céspedes
y con mis ahorros me compré los libros de John Alden
y bregué mucho por ganarme el pan.
Quería casarme con Delia Prickett,
pero ¿cómo hacerlo con lo que ganaba?
Y ahí estaba tía Persis con más de setenta,
sentada medio muerta en una silla de ruedas,
con la garganta tan paralizada que al tragar
la sopa se le caía de la boca como a un pato…
Pero era glotona, e invertía sus ingresos
en hipotecas, y todo el tiempo sufría
por sus billetes y rentas y papeles.
Aquel día yo le cortaba leña
y leía a Proudhon entre medias.
Me llegué a la cocina por agua,
y allí estaba dormida en su silla,
y Proudhon sobre la mesa,
y sobre el libro un frasco de cloroformo
que a veces usaba para el dolor de muelas.
Vertí el cloroformo en un pañuelo
y se lo apreté contra la nariz hasta su muerte…
Oh, Delia, Delia, tú y Proudhon
me templasteis el pulso, y el forense
dijo que le falló el corazón.
Me casé con Delia y conseguí el dinero…
¿Quién ríe el último, Spoon River?

Edmund Pollard

Ojalá hubiera hundido mis manos de carne
en las corolas de flores cuajadas de abejas,
en el corazón de fuego especular
de la luz de la vida, el sol del placer.
Pues ¿qué valen las anteras o los pétalos
o los rayos de un halo? ¡Burlas, sombras
del corazón de la flor, la llama central!
Todo es tuyo, joven paseante;
entra en la sala de banquetes con esa idea;
no entres en ella con sigilo como si dudaras
de ser bienvenido: ¡el festín es tuyo!
No tomes solo un poco, negándote a más
con un tímido «Gracias», aún hambriento.
¿Está viva tu alma? ¡Deja pues que se nutra!
No te dejes balcones sin trepar,
ni blancos senos lechosos donde reposar,
ni cabezas doradas con quienes compartir almohada,
ni copas de vino mientras el vino es dulce,
ni éxtasis de cuerpo o de alma.
¡Morirás, sin duda, pero morirás viviendo
en abismos de azul, de rapto y coito,
besando a la abeja reina, la Vida!

Thomas Trevelyan

Leyendo en Ovidio la trágica historia de Itis,
hijo del amor de Tereo y Procne, asesinado
por la pasión culpable de Tereo por Filomela,
su carne servida por Procne a Tereo,
y la ira de Tereo, su persecución de la asesina
¡hasta que los dioses tornaron a Filomela en ruiseñor,
laúd de la luna creciente, y a Procne en golondrina!
¡Oh, habitantes y artistas de Hellas hace siglos muertos,
que sellasteis en pequeños turíbulos sueños y sabiduría,
incienso inestimable, por siempre fragante,
cuyo solo efluvio aclara los ojos del alma!
¡Cómo inhalé su dulzura aquí en Spoon River!
¡El turíbulo se abrió cuando viví y aprendí
que todos matamos a los hijos del amor, y que todos,
sin saber lo que hacemos, devoramos su carne;
y que todos nos volvemos cantores, aunque sea
una vez en la vida, o nos volvemos —¡ay!— golondrinas,
para trinar entre fríos vientos y hojas caídas!

Percival Sharp

¡Observad las manos entrelazadas!
¿Son manos de despedida o bienvenida?
¿Manos a las que yo ayudé o que me ayudaron?
¿No estaría bien tallar una mano
con el pulgar invertido, como Heliogábalo?
Y allá hay una cadena rota,
la idea del eslabón más débil, quizá…
Pero ¿qué era?
Y corderos, algunos echados,
otros de pie, como escuchando al pastor…
Otros llevando una cruz, con una pata en alto…
¿Por qué no esculpir unas ruinas?
¡Y columnas caídas! Labrad el pedestal, por favor,
o los cimientos; dejadnos ver la causa de la caída.
Y brújulas e instrumentos matemáticos,
como ironía por la ignorancia del subarrendatario
sobre determinantes y el cálculo de variaciones.
Y anclas, para los que nunca navegaron.
Y puertas abiertas —sí, así estaban;
las dejaste abiertas y entraron en tu jardín cabras perdidas—.
Y un ojo vigilando como uno de los arimaspos;
lo mismo hiciste tú: con un ojo.
Y ángeles tocando trompetas —te anuncian—,
es tu cuerno y tu ángel y la opinión de tu familia.
Todo eso está muy bien, pero en cuanto a mí yo sé
que agité ciertas vibraciones en Spoon River
que son mi auténtico epitafio, más duradero que la piedra.

Hiram Scates

Traté de hacerme con la candidatura
a presidente del Consejo del Condado
y di discursos por todo el país
denunciando a Solomon Purple, mi rival,
como enemigo del pueblo,
en contubernio con los archienemigos del hombre.
Jóvenes idealistas, guerreros caídos,
renqueando sobre una muleta de esperanza,
almas que apuestan todo por la verdad,
perdedores de mundos por mandato del cielo,
se apiñaron a mi alrededor y siguieron mi voz
como salvador del condado.
Pero Solomon ganó la candidatura;
y entonces di media vuelta,
y junté a mis partidarios bajo su estandarte,
y lo hice vencedor, lo hice Rey
de la Montaña de Oro,[27] cuya puerta
se cerró a mi paso en cuanto entré,
halagado por la invitación de Solomon
para ser secretario del Consejo.
Y fuera, de pie entre el frío, se hallaban mis partidarios:
jóvenes idealistas, guerreros caídos,
renqueando sobre una muleta de esperanza…
almas que apostaron todo por la verdad,
perdedores de mundos por mandato del cielo,
que vieron al Diablo arrojando al Milenio[28]
de un puntapié por la Montaña de Oro.

27. Alusión a un cuento de los hermanos Grimm, *El rey de la montaña de oro*. (*N. de la T.*)
28. El Milenio: los mil años del Reino de Dios durante los cuales el Diablo permanecerá encadenado y habrá paz. Apocalipsis, 20. (*N. de la T.*)

Peleg Poague

Los caballos y los hombres son iguales.
Ahí estaba, Billy Lee, mi semental,
negro como un gato y esbelto como un ciervo,
la mirada, ardiente, deseoso de empezar,
y alcanzaba mayor velocidad
que cualquier caballo de carreras de Spoon River.
Pero en cuanto creías que ya no podía perder,
con su delantera de cincuenta yardas o más,
se encabritaba y arrojaba al jinete,
y se caía hacia atrás, enmarañado,
completamente deshecho.
Ya veis que era todo un fraude:
no podía ganar, no podía trabajar,
era demasiado ligero para el tiro o el arado,
y nadie quería sus potros.
Y cuando quise montarlo, bueno,
echó a correr y me mató.

Jeduthan Hawley

Alguien llamaba a la puerta
y yo me levantaba a medianoche e iba al taller,
donde viajeros demorados me oían martillear
tablas sepulcrales y tachonar satén.
Y a veces me preguntaba quién iría conmigo
a la tierra lejana, nuestros nombres tema
de conversación, en la misma semana, pues he observado
que siempre se van de dos en dos.
Chase Henry se emparejó con Edith Conant;
y Jonathan Somers, con Willie Metcalf;
y el director Hamblin, con Francis Turner,
cuando rogaba vivir más que el director Whedon;
y Thomas Rhodes, con la viuda McFarlane;
y Emily Sparks, con Barry Holden;
y Oscar Hummel, con Davis Matlock;
y el director Whedon, con Jones *el Violinista*;
y Faith Matheny, con Dorcas Gustine.
Y yo, el hombre más formal del pueblo,
me fui con Daisy Fraser.

Abel Melveny

Compré toda máquina habida y por haber
—amoledoras, desgranadoras, sembradoras, segadoras,
trituradoras y rastrillos y arados y trilladoras—
y todas soportaron la lluvia y el sol,
oxidándose, combándose, abollándose,
pues no tenía cobertizo donde meterlas,
ni uso para la mayoría.
Y hacia el final, cuando creí que todo se acababa,
allí junto a mi ventana, vi cada vez más claro
en mi interior, mientras mi pulso se hacía más lento,
y contemplé una de las trituradoras que compré,
de la que no tenía necesidad ninguna,
tal como fueron las cosas, y que jamás puse en marcha...
una buena máquina, en su día lustrosa,
deseosa de hacer su trabajo,
ahora con la pintura desvaída...
me vi a mí mismo como una buena máquina
que la Vida nunca había usado.

Oaks Tutt

Mi madre defendía los derechos de la mujer
y mi padre era el rico molinero de London Mills.
Yo soñaba con los males del mundo y quería enmendarlos.
Cuando murió mi padre, partí a ver gentes y países
para aprender a reformar el mundo.
Atravesé muchas tierras.
Vi las ruinas de Roma,
y las ruinas de Atenas,
y las ruinas de Tebas.
Y me senté a la luz de la luna en medio de la necrópolis de Menfis.
Allí me sorprendieron unas alas de fuego,
y una voz del cielo me dijo:
«Injusticia, Mentira las destruyeron. ¡Adelante!
¡Predica la Justicia! ¡Predica la Verdad!».
Y corrí de vuelta a Spoon River
a despedirme de mi madre antes de emprender mi obra.
Todos me vieron una extraña luz en la mirada.
Y poco a poco, cuando hablaba, descubrieron
lo que tenía en mente.
Luego Jonathan Swift Somers me desafió a debatir
sobre el tema (yo le daba la réplica):
«Poncio Pilatos, el mayor filósofo del mundo».
Y él ganó el debate al decir al fin:
«Antes de reformar el mundo, señor Tutt,
responda por favor a la pregunta de Poncio Pilatos:
"¿Qué es la verdad?"».

Elliott Hawkins

Me parecía a Abraham Lincoln.
Era uno de vosotros, Spoon River, todo compañerismo,
pero defendía los derechos de la propiedad y el orden.
Asiduo parroquiano,
a veces aparecía en vuestras reuniones municipales para advertiros
contra los males del descontento y de la envidia,
y para denunciar a quienes querían destruir la Unión,
y para señalar el peligro de los Caballeros del Trabajo.[29]
Mi éxito y mi ejemplo son un influjo inevitable
en vuestros jóvenes y en generaciones venideras,
pese a los ataques de periódicos como el *Clarion*;
asiduo visitante de Springfield,
cuando había sesión de las Cortes,
para evitar asaltos a los ferrocarriles,
y a los hombres que formaban el Estado.
De confianza para ellos y vosotros, Spoon River, por igual
pese a los rumores de mi cabildeo.
Pasando por el mundo quedamente, rico y halagado.
Muriendo al fin, claro que sí, pero yaciendo aquí
bajo una lápida en que han labrado un libro abierto
y las palabras: «De ellos es el Reino de los Cielos».
Y ahora, vosotros, salvadores del mundo, que no cosechasteis nada
　　en vida
y que en la muerte no tenéis lápidas ni epitafios,
¿os gusta el silencio de vuestras bocas, calladas
por el polvo de mi triunfal carrera?

---

29. Knights of Labor: sindicato que alcanzó los 700 000 miembros (1886) y unió a obreros cualificados y no cualificados, criticado por fomentar las huelgas y el descontento, de ahí el «peligro» al que alude Hawkins. Fuente: *Spoon River Anthology, An Annotated Edition*, John E. Hallwas, University of Illinois Press, 1992. *(N. de la T.)*

Voltaire Johnson

¿Por qué me heriste con tus congojas
si no querías que te hablara de ellas?
¿Y me ahogaste en tus estupideces
si no querías que las expusiera?
¿Y me clavaste con los clavos de la crueldad
si no querías que me arrancara los clavos
y te los arrojara a la cara?
¿Y me mataste de hambre porque me negué a obedecerte
si no querías que socavara tu tiranía?
¡Podría haber sido un alma tan serena
como la de William Wordsworth de no ser por ti!
Pero ¡qué cobarde fuiste, Spoon River,
cuando me arrastraste al centro de un círculo mágico
trazado por la espada de la Verdad!
¡Y luego al lloriquear y maldecir tus quemaduras,
y maldecir mi poder que resistió y se rio
entre irónicos relámpagos!

English Thornton

¡Aquí! Vosotros, hijos de los hombres
que luchasteis con Washington en Valley Forge,
y fuisteis el azote de Halcón Negro en Starved Rock, [30]
¡Alzaos! ¡Combatid a los descendientes de quienes
compraron tierra en el Loop[31] cuando era arena baldía,
y vendieron mantas y armas al ejército de Grant,
y asistieron a asambleas en los primeros días
aceptando sobornos de los ferrocarriles!
¡Alzaos! Combatid a los petimetres y simplones,
impostores y figurantes de la columna de sociedad,
y a las almas pueblerinas cuyas hijas desposan a condes;
y a los parásitos de grandes ideas,
y a los ruidosos paladines de grandes causas,
y a los herederos de antiguos robos.
¡Alzaos! Y haced vuestra la ciudad,
y vuestro el estado…
¡Vosotros, que sois hijos de los curtidos terratenientes[32]
    de los cuarenta!
¡Por Dios! Si no destruís vosotros a esas alimañas
mi espectro vengador arrasará
vuestra ciudad y vuestro estado.

---

30. Según John E. Hallwas, esta información es incorrecta, pues Halcón Negro (1767-1938) no combatió en Starved Rock, la famosa loma sobre el río Illinois. Por otro lado, cuenta la leyenda que Starved Rock se llama así porque hacia 1769 los indios de Illinois buscaron refugio en ella tras matar a Pontiac, jefe de los ottawa. Estos y los potawatomi los asediaron allí hasta la muerte — si bien según otra versión los masacraron—. Fuentes: *Spoon River Anthology, An Annotated Edition,* University of Illinois Press, 1992; «The Starved Rock Massacre of 1769: Fact or Fiction?», Mark Walczynski, en: *Journal of the Illinois State Historical Society,* Vol. 100, n.º 3. *(N. de la T.)*
31. Distrito financiero en el centro de Chicago. *(N. de la T.)*
32. Pequeños terratenientes del sur de Estados Unidos que practicaban la agricultura de subsistencia, granjeros tradicionales contrarios a la modernización e industrialización del país. *(N. de la T.)*

Enoch Dunlap

¿Cuántas veces, durante los veinte años
que fui vuestro líder, amigos de Spoon River,
desatendisteis el cónclave y la asamblea
y dejasteis en mis manos la carga
de salvar y custodiar la causa del pueblo?...
A veces porque estabais enfermos;
o vuestra abuela estaba enferma;
o bebíais de más y os quedabais dormidos;
o bien decíais: «Él es nuestro líder,
todo irá bien; él lucha por nosotros;
no tenemos más que seguirlo».
Pero, oh, cómo me maldijisteis cuando caí,
y me maldijisteis al decir que os traicioné
por dejar la sala de juntas un momento
cuando los enemigos del pueblo, allí reunidos,
acechaban a la espera de una ocasión para destruir
los Derechos Sagrados del Pueblo.
¡Chusma rastrera! ¡Dejé la asamblea
para ir al urinario!

Ida Frickey

Nada en la vida te es ajeno.
Yo era una chica de Summum sin blanca
que se apeó del tren de la mañana en Spoon River.
Todas las casas se alzaron ante mí con la puerta cerrada
y las cortinas corridas —me encerraron fuera—;
en ninguna tenía voz ni voto.
Y pasé frente a la vieja mansión de McNeely,
un castillo de piedra entre paseos y jardines,
con peones en guardia por doquier,
mantenido por el condado y el estado
para su altivo señor, lleno de orgullo.
Estaba tan hambrienta que tuve una visión:
vi un par de tijeras colosales
descender del cielo, como el brazo de una draga,
y cortar la casa en dos como un telón.
Pero en el Commercial vi a un hombre
que me guiñó un ojo cuando pedí trabajo…
Era el hijo de Wash McNeely.
Fue el eslabón en la cadena de derecho
a mi mitad de la propiedad de la mansión,
gracias a una promesa rota de matrimonio —las tijeras—.
Así que, ya veis, desde el día que nací, la casa
me estaba esperando.

Seth Compton

Al morir yo, la biblioteca pública
que construí para Spoon River
y dirigí por el bien de las mentes inquietas,
se vendió en subasta en la plaza pública,
como para destruir el último vestigio
de mi recuerdo e influencia.
Pues los que no podíais ver la virtud
de conocer *Las ruinas...*[33] de Volney tanto como la
    Analogía[34] de Butler,
y *Fausto*[35] tanto como *Evangelina*,[36]
erais el auténtico poder del pueblo,
y a menudo me preguntabais:
«¿De qué sirve saber del mal del mundo?».
Ahora ya me he quitado de en medio, Spoon River.
Escoge tu bien y llámalo bueno.
Pues nunca pude hacerte ver
que nadie sabe lo que es bueno
si no conoce qué es el mal;
y nadie sabe qué es verdad
si no conoce lo que es falso.

---

33. *Las ruinas de Palmira o Meditaciones sobre las revoluciones de los imperios*, 1791. *(N. de la T.)*
34. *La analogía de la religión natural*, 1736. *(N. de la T.)*
35. *Fausto*, de Johann Wolfgang Goethe, 1774. *(N. de la T.)*
36. *Évangéline*, poema épico de Henry Wadsworth Longfellow, 1847. *(N. de la T.)*

Felix Schmidt

Era solo una casita de dos cuartos
—casi una casita de muñecas—
con apenas cinco acres de terreno;
y yo tenía tantos hijos que alimentar
y educar y vestir, y una esposa que enfermó
de dar a luz.
Un día el abogado Whitney vino a verme
y me mostró que Christian Dallman,
que tenía tres mil acres de tierra,
había comprado los ochenta colindantes
en mil ochocientos setenta y uno,
por once dólares, en una subasta por impago de impuestos,
mientras mi padre yacía postrado por su dolencia mortal.
Así empezó la disputa y recurrí a la justicia.
Pero cuando llegamos a las pruebas,
una inspección de la tierra demostraba, claro como el día,
que la escritura de Dallman incluía mi terreno
y mi casita de dos cuartos.
Me estuvo bien empleado por provocarlo.
Perdí mi caso y perdí mi hogar.
Dejé el juzgado y me fui a trabajar
de arrendatario de Christian Dallman.

Schroeder el Pescador

Me sentaba en la orilla sobre Bernadotte
y echaba migas al agua,
solo para ver a los pececillos pelearse
hasta que el más fuerte se hacía con el trofeo.
O bien iba a mi pequeño pasto,
donde dormían en paz los puercos en el revolcadero,
o se olisqueaban con ternura,
y vaciaba una cesta de maíz amarillo,
y los veía empujarse, chillarse y morderse,
y pisotearse para quedárselo.
Y vi cómo la granja de Christian Dallman,
de más de tres mil acres,
se tragó la parcela de Félix Schmidt,
como un róbalo se traga un pececillo.
Y yo digo que si hay algo en el hombre
—alma, conciencia o el aliento de Dios—
que lo hace distinto a los peces o los cerdos,
¡me gustaría verlo!

Richard Bone

Cuando llegué a Spoon River
no sabía si lo que me decían
era verdadero o falso.
Me traían el epitafio
y se quedaban en el taller mientras trabajaba
y decían «Era tan bueno», «Era maravilloso»,
«Era una mujer muy dulce», «Era un buen cristiano».
Y yo les labraba lo que ellos querían,
ignorando por completo si era cierto.
Pero después, a fuerza de vivir entre estas gentes,
ya supe cuánto de verdad
había en los epitafios que les encargaban a su muerte.
Con todo, labraba lo que me pagaran por labrar
haciéndome así partícipe de las falsas crónicas
de las lápidas,
como hace el historiador que escribe
sin conocer la verdad,
o porque lo influyen para que la oculte.

Silas Dement

Había luna y la tierra brillaba
con la escarcha fresca.
Era medianoche y no había un alma fuera.
De la chimenea del juzgado
un galgo hecho de humo saltaba y perseguía
al viento del noroeste.
Llevé una escalera hasta el rellano
y la apoyé contra el marco de la trampilla
en el techo del pórtico,
y avancé a gatas bajo el tejado y entre las vigas
y arrojé entre los viejos maderos
un puñado encendido de broza empapada en gasolina.
Luego bajé y me escabullí.
Al poco se oyó la campana de incendios:
¡Clang! ¡Clang! ¡Clang!
Y llegaron los bomberos de Spoon River
con una docena de cubos a echar agua
sobre la gloriosa hoguera, cada vez más caliente,
alta y reluciente, hasta que se cayeron las paredes
y las columnas de caliza donde se alzó Lincoln
se abatieron como árboles que tala un leñador…
Cuando regresé de Joliet [37]
había un nuevo juzgado con su cúpula.
Y es que fui castigado como todo el que destruye
el pasado por el bien del futuro.

---

37. Joliet fue una cárcel estatal de Illinois, Estados Unidos. La construyeron los propios reclusos a partir de 1858, y abrió sus puertas al resto de presos en 1860. (Luego las puertas, naturalmente, se cerraron.) Durante años albergó tanto a hombres como a mujeres, en dependencias debidamente separadas. Joliet aparece en varias obras de literatura, cine y música. En 2002 dejó de funcionar como cárcel. *(N. de la T.)*

Dillard Sissman

Los buitres giran despacio
en amplios círculos, en un cielo
con una ligera bruma como de polvo del camino.
Y un viento recorre el pasto donde yazgo
y moldea la hierba en largas olas.
Mi cometa se halla sobre el viento
aunque de vez en cuando oscila,
como un hombre al sacudir los hombros;
y la cola serpentea un momento,
luego cae y vuelve a la calma.
Y los buitres giran y giran,
barriendo el cenit con amplios círculos
sobre mi cometa. Y las colinas duermen.
Y una granja, blanca como la nieve,
asoma entre árboles verdes… a lo lejos.
Y yo observo mi cometa,
pues la delgada luna se encenderá pronto,
luego se mecerá como el disco de un péndulo
en la cola de mi cometa.
Una llamarada como un lirio de pantano
deslumbra mis ojos…
¡Me agito cual estandarte!

Jonathan Houghton

Se oye el graznido de un cuervo,
y el canto vacilante de un zorzal.
Se oye a lo lejos el tintineo de un cencerro.
Y la voz de un labrador en la colina de Shipley.
El bosque detrás del huerto está muy quedo
con la quietud del verano;
y en el camino cruje un carro,
cargado de maíz, camino de Atterbury.
Y un anciano duerme bajo un árbol,
y una anciana cruza el camino,
de vuelta del huerto con un cubo de moras.
Y un muchacho está echado en la hierba
junto a los pies del anciano,
y mira las nubes que navegan,
y anhela, anhela, anhela
¿qué?, no lo sabe:
¡ser un hombre, la vida, el mundo ignoto!
Luego pasaron treinta años,
y el muchacho volvió cansado de la vida
y halló el huerto desaparecido,
y el bosque ausente,
y la casa remozada,
y el camino lleno de polvo de automóviles…
¡y a él deseando La colina!

E. C. Culbertson

¿Es verdad, Spoon River,
que en el vestíbulo del nuevo juzgado
hay una placa de bronce
con los rostros repujados
del director Whedon y de Thomas Rhodes?
¿Y es verdad que mis prósperos esfuerzos
en la Junta del Condado, sin los cuales
no se habría puesto una piedra sobre otra,
y las contribuciones de mi bolsillo
para erigir el templo, ya no son sino recuerdos de la gente,
que se van esfumando, y que pronto caerán
con ella en el olvido donde yazgo?
En verdad lo creo así.
Pues es una ley del Reino de los Cielos
que quien entre en la viña en la hora undécima
reciba un jornal entero.[38]
Y es una ley del Reino de este Mundo
que quien se opone primero a una buena obra,
la toma y la hace suya
cuando se pone la primera piedra
y se colocan placas conmemorativas.

---

38. San Mateo, 20, 1-16. *(N. de la T.)*

Shack Dye

Los blancos me gastaban toda clase de bromas.
Me sacaban un pez gordo del anzuelo
y me ponían uno pequeño cuando me iba
a por un pinchapeces, y me hacían creer
que no había visto bien el pez que había pescado.
Cuando el circo de Burr Robins vino al pueblo
convencieron al maestro de ceremonias para llevar a la pista
un leopardo domado, y me hicieron creer
que yo era un sansón cuando fustigué a la bestia,
a cambio de cincuenta dólares,
y la arrastré hasta su jaula.
Una vez entré en mi herrería
y temblé al ver unas herraduras arrastrándose
por el suelo, como con vida…
Walter Simmons había puesto un imán
bajo el barril de agua.
Y sin embargo cada uno de vosotros, blancos,
también vivía engañado sobre peces y leopardos,
y apenas sabíais más que las herraduras
sobre qué os movía por Spoon River.

Hildrup Tubbs

Libré dos luchas por el pueblo.
Primero dejé mi partido y enarbolé la bandera
de la independencia, por la reforma, y me vencieron.
Luego empleé mi fuerza rebelde
para retomar el estandarte de mi antiguo partido...
y lo retomé, pero me vencieron.
Desacreditado y excluido, misántropo,
me entregué al consuelo del oro
y usé el resto de mi poder
para aferrarme como un carroñero
al cadáver putrefacto
del banco en quiebra de Thomas Rhodes,
como cesionario del fondo.
Entonces todos me rehuyeron.
Encaneció mi pelo,
mi lujuria encarnada se volvió gris,
el tabaco y el whisky perdieron su sabor,
y durante años la Muerte me ignoró
como se ignora a un cerdo.

Henry Tripp

El banco quebró y perdí mis ahorros.
Estaba harto del cansado juego de Spoon River
y me decidí a huir
y dejar a mi familia y mi lugar en la vida;
pero cuando llegaba el tren de medianoche,
se bajaron de un salto Cully Green
y Martin Vise, y arrancaron a pelear
para zanjar sus rencillas,
pegándose con puños que sonaban
como los golpes de porra.
Ya me parecía que Cully iba ganando,
cuando su rostro sangriento rompió en una mueca
de horrenda cobardía, y se apoyó en Martin
y gimoteó: «Somos buenos amigos, Mart,
tú sabes que soy tu amigo».
Pero un tremendo puñetazo de Martin lo dejó
dando vueltas y vueltas hasta caerse.
Y luego me arrestaron como testigo,
y perdí el tren y me quedé en Spoon River
a lidiar la batalla de la vida hasta el final.
Oh, Cully Green, fuiste mi salvador…
tú, avergonzado y abatido durante años,
vagando indiferente por las calles,
y envolviendo en harapos a tu alma purulenta,
que no logró vencer.

Granville Calhoun

Quería ser juez del condado
otro mandato, para redondear un servicio
de treinta años.
Pero mis amigos me abandonaron y se unieron a mis enemigos,
y eligieron a otro hombre.
Luego me arrebató un ansia de venganza
e infecté a mis cuatro hijos con ella,
y rumié mi represalia,
hasta que el gran médico, la Naturaleza,
me castigó con la parálisis
para darme un respiro en cuerpo y alma.
¿Lograron mis hijos dinero y poder?
¿Sirvieron a la gente o la uncieron
para labrar y cosechar los campos de su ego?
Pues ¿cómo podían olvidar
mi rostro en la ventana de mi cuarto,
sentado e impedido entre mis jaulas doradas
de canarios cantores,
mirando al viejo juzgado?

Henry C. Calhoun

Llegué a lo más alto en Spoon River
pero ¡con qué amargura de espíritu!
El rostro de mi padre, sentado mudo,
como un niño, mirando los canarios,
y mirando a la ventana del juzgado
que daba a la sala del juez del condado,
y sus advertencias para que en la vida
mirara por lo mío y castigara a Spoon River
para vengar el mal que le hizo el pueblo
me llenaron de ardor febril
en pos de la riqueza y el poder.
Pero ¿qué hizo él sino arrojarme al sendero
que conduce a la arboleda de las Furias?
Seguí el sendero y esto os digo:
de camino a la arboleda pasaréis por las Parcas,
de ojos sombríos, inclinadas sobre su labor.
Deteneos un momento, y si veis
que el hilo de la venganza salta de la lanzadera,
arrancadle entonces en el acto a Átropos
las tijeras y cortadlo, si no queréis que vuestros hijos,
y sus hijos y los hijos de sus hijos,
vistan la toga envenenada.

Alfred Moir

¿Por qué no me devoró el desprecio por mí mismo
y me pudrí a causa de la indiferencia
y la impotente rebeldía, como Jones *Indignación*?
¿Por qué, con tanto paso errante,
me libré del destino de Willard Fluke?
¿Y por qué, pese a hacer en el bar de Burchard
de reclamo de la casa para que los chicos
tomaran copas, la maldición de la bebida
cayó sobre mí como lluvia que resbala
y me dejó el alma limpia y seca?
¿Y por qué nunca maté a un hombre
como Jack McGuire?
En cambio progresé un poco en la vida,
y todo se lo debo a un libro que leí.
Pero ¿por qué fui yo a Mason City,
donde por azar vi en un escaparate ese libro,
cuya vistosa cubierta atrajo mi mirada?
¿Y por qué mi alma respondió al libro,
mientras lo leía una y otra vez?[39]

---

39. Este poema se inspira en una vivencia de Edgar Lee Masters. Al parecer en 1886, poco después de acabar el bachillerato, vio en Mason City, Illinois, un hermoso ejemplar de los poemas de Shelley en un escaparate y lo compró. El libro lo impresionó en lo más hondo, y ya nunca dejó de leer a Shelley. Fuente: *Across Spoon River*, Edgar Lee Masters. *(N. de la T.)*

Perry Zoll

Mi agradecimiento, amigos de la Asociación Científica
    del Condado,
por esta modesta piedra
y su pequeña placa de bronce.
Traté dos veces de entrar en vuestra honorable entidad,
y fui rechazado,
y cuando mi pequeño folleto
sobre la inteligencia de las plantas
empezó a llamar la atención
casi votáis a favor de mi ingreso.
Tras aquello vencí el menester que tenía de vosotros
y vuestro reconocimiento.
Pero no rechazo vuestra lápida en mi memoria,
pues veo que entonces, al hacerlo,
os privaría de honraros a vosotros.

Dippold el Óptico

¿Qué ve ahora?
Esferas rojas, amarillas, púrpuras.
¡Un momento! ¿Y ahora?
A mi padre y a mi madre y mis hermanas.
¡Sí! ¿Y ahora?
Caballeros en armas, bellas mujeres, rostros bondadosos.
Pruebe con esta.
Un campo de trigo… Una ciudad.
¡Muy bien! ¿Y ahora?
Una joven con ángeles inclinados sobre ella.
¡Una lente más gruesa! ¿Y ahora?
Muchas mujeres de ojos brillantes y labios abiertos.
Pruebe con esta.
Solo un cáliz sobre una mesa.
¡Oh, entiendo! ¡Pruebe con esta lente!
Solo un espacio abierto… No veo nada en particular.
Bien. ¿Ahora?
Pinos, un lago, un cielo de verano.
Eso está mejor. ¿Y ahora?
Un libro.
Léame una página.
No puedo. Se me salen los ojos de la página.
Pruebe con esta lente.
Abismos de aire.
¡Excelente! ¿Y ahora?
Luz, solo luz, que hace que todo abajo parezca un mundo
    de juguete.
Muy bien, haremos las gafas en consecuencia.

Magrady Graham

Decidme, ¿eligieron gobernador a Altgeld?
Pues cuando empezaron a llegar los resultados
y Cleveland arrasaba en el Este,
fue demasiado para ti, pobre corazón viejo,
que había luchado por la democracia
en los largos, largos años de derrota.
Y, como un reloj que se gasta,
te sentí cada vez más lento hasta que te paraste.
Decidme, ¿eligieron a Altgeld?
¿Y qué hizo?
¿Llevaron su cabeza a una bailarina en una bandeja,
o acaso triunfó para el pueblo?
¡Pues cuando lo vi
y estreché su mano,
el azul infantil de sus ojos
me hizo llorar,
y lo rodeaba un aire de eternidad,
como la fría luz clara que al alba descansa
sobre los cerros!

Archibald Higbie

Te aborrecía, Spoon River. Quise elevarme sobre ti,
me avergonzabas. Te despreciaba
como lugar de mi nacimiento.
Y allí en Roma, entre los artistas,
hablando italiano, hablando francés,
a veces me parecía que estaba libre
de todo rastro de mi origen.
Me parecía alcanzar las cimas del arte
y respirar el aire que respiraban los maestros,
y ver el mundo con sus ojos.
Pero aun así veían mi obra y me decían:
«¿Adónde quieres llegar, amigo mío?
A veces el rostro es el de Apolo,
otras le da un aire a Lincoln».
No había cultura, ya sabéis, en Spoon River,
y yo ardía de vergüenza y me callaba.
¿Y qué podía hacer, todo cubierto
y lastrado por la tierra del Oeste,
salvo aspirar, y rogar por volver
a nacer en el mundo, con todo Spoon River
arrancado de mi alma?

Tom Merritt

Al principio sospeché algo…
Actuaba muy serena y distraída.
Y un buen día oí cerrarse la puerta de atrás
cuando yo entraba por delante, y lo vi escabullirse
por detrás del ahumadero al jardín
y correr a campo traviesa.
Y quise matarlo en el acto.
Pero aquel día, caminando junto a Fourth Bridge,
sin un palo ni una piedra a mano,
lo vi de pronto allí de pie,
muerto de miedo, con su caza de conejos,
y solo alcancé a decir: «¡No, no, no!»,
mientras me apuntaba al corazón y disparaba.

La señora Merritt

Callada frente al jurado,
sin decir palabra al juez cuando me preguntó
si tenía algo que decir contra la sentencia,
solo moviendo la cabeza.
¿Qué podía decirle a gente que creía
que una mujer de treinta y cinco era culpable
de que su amante de diecinueve matara a su esposo?
Por mucho que ella le hubiera insistido:
«Vete, Elmer, vete lejos,
te he enajenado la mente con mi cuerpo;
harás algo terrible».
¡Y tal como me temía, mató a mi esposo,
con lo que yo no tuve que ver, por Dios!
¡Callada treinta años en la cárcel!
Y las verjas de hierro de Joliet
oscilaron cuando los ordenanzas, grises y en silencio,
me sacaron en un ataúd.

Elmer Karr

¿Qué otra cosa que el amor de Dios pudo ablandar
y hacer clemente al pueblo de Spoon River
para conmigo, que profané el lecho de Thomas Merritt
y encima lo asesiné?
¡Oh, tiernos corazones que me acogisteis
a mi regreso tras catorce años de cárcel!
¡Oh, atentas manos que me recibisteis en la iglesia
y escuchasteis con lágrimas mi arrepentida confesión,
al tomar el sacramento del vino y el pan!
Arrepentíos, los vivos, y descansad con Jesús.

Elizabeth Childers

Polvo de mi polvo,
y polvo con mi polvo,
oh, niña que moriste al venir al mundo,
¡muerta con mi muerte!
Sin conocer el aliento, pese a tu empeño,
con un corazón palpitante cuando vivías conmigo,
y que se detuvo cuando me dejaste por la Vida.
Está bien, hija mía. Pues tú nunca recorriste
ese largo, largo camino que empieza con la escuela,
cuando los deditos se emborronan bajo el llanto
que cae sobre las letras retorcidas.
Ni la herida primera, cuando un amiguito
te deja para irse con otro;
ni la enfermedad, ni el rostro del Miedo junto a la cama;
la muerte del padre o de la madre;
o la vergüenza por su causa, o la pobreza;
la tierna pena del fin de la escuela;
ni la Naturaleza ciega que te hace beber
de la copa del Amor, aunque sepas que está envenenada;
¿Hacia quién se habría alzado tu rostro de flor?
¿Un botánico ¿Un pelele? ¿Qué sangre llamaría a la tuya?...
Pura o sucia, pues eso no importa,
es sangre que llama a nuestra sangre.
Y luego tus hijos… Oh, ¿qué serían?
¿Y cuál sería tu pena? ¡Niña! ¡Niña!
¡La Muerte es mejor que la Vida!

Edith Conant

Seguimos por aquí —nosotros, los recuerdos—,
y nos cubrimos los ojos porque tememos leer:
«17 de junio de 1884, a los 21 años y 3 días».
Y todas las cosas han cambiado.
Y nosotros —nosotros, los recuerdos— estamos aquí por
    nuestra cuenta,
pues ningún ojo nos mira, ni sabría por qué estamos aquí.
Tu esposo está muerto, tu hermana vive lejos,
tu padre está doblado por la edad;
te ha olvidado, apenas sale de casa
ya.
Nadie recuerda tu exquisito rostro,
¡tu voz lírica!
Cómo cantaste, incluso en la mañana en que recibiste el golpe,
con penetrante dulzura, con conmovedor dolor,
antes de que llegara el niño que murió contigo.
Todo está olvidado, salvo por nosotros, los recuerdos,
a quienes olvida el mundo.
Todo está cambiado, salvo el río y la colina…
Incluso ellos están cambiados.
Solo siguen igual el sol ardiente y las estrellas quietas.
Y nosotros —nosotros, los recuerdos— estamos aquí,
    sobrecogidos,
con los ojos cerrados por el cansancio del llanto…
¡con un cansancio inconmensurable!

Charles Webster

¡Los pinares sobre la colina,
y la granja a tantas millas,
nítidos como tras una lente
bajo un cielo azul pavo real!
Pero un manto de nubes por la tarde
envolvió la tierra. Y recorriste el camino
y el campo de trébol, donde el único ruido
era el trémolo líquido del grillo.
Luego se puso el sol entre bancos de nubes
de tormentas lejanas. Y se levantó un viento
que dejó el cielo limpio y atizó las llamas
de las estrellas indefensas;
y meció la luna rojiza,
que colgaba entre el borde de la colina
y las ramas titilantes del huerto de manzanos.
Paseaste ensimismada por la orilla,
donde las gargantas de las olas eran como chotacabras
que cantaban bajo el agua y gritaban
a la estela del viento en los cedros,
hasta que te quedaste, demasiado ahíta para lágrimas,
        junto a la casa,
y al alzar la vista viste a Júpiter,
rematando la aguja del pino gigante,
y al mirar abajo viste mi silla vacía,
mecida por el viento en el porche solitario…
¡Sé fuerte, Amada!

El padre Malloy

Usted está allí, padre Malloy,
donde la tierra es sagrada, y una cruz señala cada tumba,
no con nosotros aquí en la colina...
Nosotros, de fe vacilante y visión empañada,
y esperanza desnortada y pecados imperdonables.
Usted era tan humano, padre Malloy,
se tomaba a veces una copa con nosotros, tan amigable,
se aliaba con nosotros, que queríamos rescatar a Spoon River
de la frialdad y la vacuidad de la moralidad de provincias.
Usted era como un viajero que trae una cajita de arena
de las ruinas que rodean las pirámides
y las hace reales y hace Egipto real.
Usted era parte y descendía de un gran pasado;
y aun así nos era a muchos tan cercano.
Usted creía en la alegría de la vida.
Usted no parecía avergonzado de la carne.
Usted encaró la vida como es,
y según cambia.
Algunos de nosotros casi acudimos a usted, padre Malloy,
al ver cómo su iglesia había intuido el corazón
y cómo lo proveyó,
mediante Pedro *la llama ardiente*,
Pedro *la piedra*.[40]

---

40. La llama es probablemente una alusión a Hebreos 1:7, donde se habla de los siervos de Dios como «llamas ardientes». En cuanto a la piedra, alude naturalmente al célebre versículo de Mateo 16:18: «Por eso te digo que tú eres Pedro, y sobre esta piedra edificaré mi Iglesia». Fuente: *Spoon River Anthology, An Annotated Edition*, John E. Hallwas, University of Illinois Press, 1992. *(N. de la T.)*

Ami Green

No «un joven de cabeza cana y ojeroso»,[41]
¡sino un anciano de piel tersa
y pelo negro!
Yo tuve cara de niño toda la vida,
y durante años, un alma acartonada y retorcida
en un mundo para el que yo solo era un hazmerreír
al que llamar de cualquier modo cuando quería
y al que cargar como a un hombre cuando quería,
pues no era niño ni hombre.
En realidad fue tanto el alma como el cuerpo
los que jamás maduraron, y yo os digo
que el ansiado premio de la eterna juventud
es solo crecimiento atrofiado.

41. Ami Green cita de memoria un verso de Shelley perteneciente al poema *Death*, «Muerte», pero su memoria le falla. El verso dice así: *A youth with hoary hair and haggard eye*, es decir, «un joven ojeroso y de pelo (no cabeza) cano». Fuente: *Spoon River Anthology, An Annotated Edition*, John E. Hallwas, University of Illinois Press, 1992. *(N. de la T.)*

Calvin Campbell

Vosotros que os rebeláis contra el Destino,
decidme ¿cómo ocurre que en esta ladera,
que desciende hasta el río,
que da al sol y al viento del sur,
esta planta extraiga del aire y de la tierra
veneno y se troque en hiedra venenosa?
¿Y que esta planta extraiga del mismo aire y tierra
dulces elixires y colores y se troque en madroño?
¿Y que ambas florezcan?
Podéis culpar a Spoon River por lo que es,
pero ¿a quién culpáis por vuestro afán interior,
que se alimenta y os hace mala hierba,
estramonio, diente de león o gordolobo,
y que no puede usar jamás tierra o aire
para haceros jazmín o glicinia?

Henry Layton

Quienquiera que seas quien pasa por aquí
sabes que mi padre era dulce,
y mi madre, violenta,
mientras que yo nací como el todo de esas mitades hostiles,
no entreveradas y fundidas,
sino cada una distinta, apenas soldadas.
Algunos me veíais dulce,
otros, violento,
otros, las dos cosas.
Pero ninguna de mis mitades me arruinó.
Fue la separación de esas mitades,
jamás parte una de la otra,
lo que hizo de mí un alma sin vida.

Harlan Sewall

Tú nunca entendiste, oh, desconocido,
por qué fue que devolví
tu devota amistad y delicadas atenciones
primero con exigua gratitud,
después privándote de mi presencia poco a poco,
para no verme obligado a corresponder,
y luego con el silencio que siguió
a nuestra última separación.
Habías curado mi alma enferma. Pero para curarla
viste mi dolencia, conociste mi secreto,
y por eso hui de ti.
Porque aunque cuando nuestro cuerpo se alza entre el dolor
besamos para siempre las atentas manos
que nos dieron ajenjo —mientras temblábamos
pensando en el ajenjo—,
un alma curada es otro asunto,
pues en ella borramos del recuerdo
las tiernas palabras, la mirada alerta,
y permanecemos siempre ajenos,
no tanto al dolor en sí mismo
como a la mano que lo alivió.

Ippolit Konovaloff

Yo era armero en Odessa.
Una noche la policía irrumpió en el cuarto
donde leíamos a Spencer unos cuantos
y confiscó los libros y nos arrestó.
Pero yo hui y me fui a Nueva York
y de allí a Chicago, y luego a Spoon River,
donde podía estudiar a Kant en paz
¡y ganarme apenas el pan reparando armas!
¡Mirad mis moldes! ¡Mi arquitectónica!
¡Uno para un cañón, otro para un percutor,
y otros para otras partes del arma!
Pues bien, suponed ahora que ningún armero
tuviera más que moldes replicados
de estos que os muestro; pues bien, todas las armas
serían iguales, con un percutor que golpeara
el pistón, y un cañón que transportara el tiro,
actuando todas igual por sí mismas, y todas
actuando unas contra otras de igual modo.
¡Y ahí tendríais vuestro mundo de armas!,
al que nada podría salvarlo de sí mismo,
salvo un Moldeador con moldes distintos
para moldear de nuevo el metal.

Henry Phipps

Yo era el director de la catequesis dominical,
presidente de paja de la fábrica de carros
y la fábrica de conservas.
Representaba a Thomas Rhodes y a la camarilla del banco;
mi hijo, el cajero,
desposó a la hija de Rhodes,
me pasaba la semana ganando dinero,
y los domingos, en la iglesia y rezando.
Era en todo un eslabón de la cadena de las-cosas-como-son:
del dinero, amo y servidor, blanqueado
con el barniz del credo cristiano.
Y entonces:
El banco quebró. Yo me quedé mirando su maquinaria
        destruida:
las ruedas con agujeros tapados con masilla y pintados;
los tornillos oxidados, las varillas rotas;
y solamente la tolva para almas lista para usarse otra vez
en un nuevo devorador de vida, cuando periódicos, jueces
        y magos del dinero
la construyan de nuevo.
Me dejaron en cueros, pero me apoyé en la Roca de la
        Eternidad,[42]
y ya calé el juego, no era un pardillo,
y sabía que «los rectos morarán en la tierra,[43]
mas los años de los impíos se acortarán».[44]

---

42. Himno cristiano. *(N. de la T.)*
43. Proverbios 2:21. *(N. de la T.)*
44. Proverbios, 10:27. *(N. de la T.)*

Entonces, de pronto, el doctor Meyers me descubrió
un cáncer en el hígado.
¡Yo no era, al fin y al cabo, preocupación especial de Dios!
Pues, incluso en lo alto de una cima
sobre la bruma entre la que había trepado,
ya preparado para una vida más grande,
las fuerzas eternas
me apartaron de un empujón.

Harry Wilmans

Yo acababa de cumplir los veintiuno,
y Henry Phipps, director de la catequesis del domingo,
dio un discurso en la Ópera de Bindle.
«El honor de la bandera hay que defenderlo», dijo,
«ya lo ataque una tribu bárbara de tagalogs
o la mayor potencia de Europa».
Y aclamamos sin descanso su discurso, y la bandera que agitaba
al hablar.
Y me fui a la guerra a pesar de mi padre,
y seguí la bandera hasta que la vi izada
junto a nuestro campamento en un arrozal cerca de Manila,
y todos la aclamamos sin descanso.
Pero había moscas y cosas venenosas;
y luego estaba el agua letal,
y el calor despiadado,
y la comida podrida y nauseabunda;
y el hedor de la trinchera tras las tiendas
donde se aliviaban los soldados;
y estaban las putas que nos seguían, llenas de sífilis;
y los actos bestiales, juntos o a solas,
de abuso, odio, degradación entre nosotros,
y los días de aversión y las noches de miedo
hasta la hora de la carga por la húmeda ciénaga,
siguiendo a la bandera,
hasta que caí con un grito, de un tiro en las tripas.
¡Ahora hay una bandera sobre mí en Spoon River!
¡Una bandera! ¡Una bandera!

John Wasson

¡Oh! La hierba calada de rocío de aquel prado en Carolina
    del Norte
por el que me siguió Rebecca sollozando, sollozando,
con un niño en brazos y tres que corrían sollozando con ella,
para alargar mi despedida cuando me fui a la guerra con los
    británicos,
y luego los largos, duros años hasta el día de Yorktown.
Y luego mi búsqueda de Rebecca,
a la que al fin hallé en Virginia,
dos niños muertos entretanto.
Fuimos en carro de bueyes hasta Tennessee,
de allí, tras varios años, a Illinois,
al final, a Spoon River.
Segamos la hierba de bisonte,
talamos los bosques,
construimos las escuelas, construimos los puentes,
allanamos los caminos y labramos los campos,
a solas con la pobreza, la calamidad, la muerte…
Si Harry Wilmans, que combatió a los filipinos,
ha de tener una bandera en su tumba,
¡tomad la de la mía!

Muchos soldados

La idea danzaba ante nosotros cual bandera;
el son de música marcial;
la emoción de llevar un arma;
el ascenso en la vida al volver a casa;
un destello de gloria; para los enemigos, cólera;
un sueño del deber a la patria o a Dios.
Pero eran cosas que teníamos dentro y brillaban ante nosotros,
no eran la fuerza que nos impulsaba desde atrás,
la Todopoderosa mano de la Vida,
como el fuego en el centro de la Tierra que forja montañas
o las aguas contenidas que las parten.
¿Os acordáis del aro de hierro
que el herrero, Shack Dye, soldó
en torno al roble del jardín de Bennet
para colgar una hamaca
donde su hija Janet pudiera reposar leyendo
en las tardes de verano?
¿Y que, al crecer el árbol, al final
rompió el aro de hierro?
Pero ni una sola célula del árbol
sabía nada, salvo que rebosaba vida,
ni le importó que la hamaca cayera
sobre el polvo con los poemas de Milton.

Godwin James

¡Harry Wilmans! Tú, que caíste en una ciénaga
cerca de Manila, siguiendo la bandera,
no fuiste herido por la grandeza de un sueño,
ni destruido por el trabajo inútil,
ni arrastrado a la locura por obstáculos satánicos;
no te desgarraron nervios doloridos,
ni te llevaste a la vejez grandes heridas.
No te moriste de hambre, pues te alimentó el gobierno.
No sufrías y aun así gritaste «¡Adelante!»
a un ejército que dirigías
contra un enemigo de sonrisa burlona,
más afilada que las bayonetas. No te abatieron
bombas invisibles. A ti no te rechazaron
aquellos en cuyo nombre fuiste vencido.
Tú no comiste el insípido pan
que una pobre alquimia había hecho de ideales.
Tú te fuiste a Manila, Harry Wilmans,
mientras que yo me alisté en el desarrapado ejército
de jóvenes sublimes de ojos brillantes
que avanzábamos y retrocedíamos y caíamos,
enfermos, deshechos, llorando, despojados de fe,
siguiendo a la bandera del Reino de los Cielos.
Tú y yo, Harry Wilmans, hemos caído
cada cual a su modo, sin distinguir
el bien del mal, el triunfo de la derrota,
ni qué rostro es el que sonríe
tras la máscara demoníaca.

Lyman King

Tal vez pienses, paseante, que el Destino
es un escollo fuera de ti,
al que puedes esquivar con previsión
y sabiduría.
Así lo crees al observar las vidas de otros hombres,
como el que a modo de Dios se inclina sobre un hormiguero
y ve cómo podrían evitarse sus problemas.
Pero entra en la vida:
con el tiempo verás acercarse al Destino
en la forma de tu imagen en el espejo;
o te hallarás sentado a solas junto al fuego,
y de pronto el sillón de al lado acogerá a un huésped,
y tú conocerás a ese huésped,
y leerás el verdadero mensaje en sus ojos.

Caroline Branson

¡Ojalá hubiéramos paseado, con los corazones como soles a la
    deriva,
como tantas otras veces, por los campos de abril hasta que la luz
    de los astros
posara una gasa de seda invisible sobre las tinieblas
bajo el acantilado, nuestro lugar de encuentro en el bosque,
donde dobla el arroyo! ¡Ojalá hubiéramos pasado del cortejo,
como notas musicales enlazadas, a la entrega,
en la inspirada improvisación del amor!
Pero dejar atrás cual cántico acabado
el arrobado encanto de la carne,
en el que se abismaron nuestras almas, abajo, abajo,
donde no existía el tiempo, ni el espacio, ni nosotros...
¡Aniquilados en el amor!
Dejar eso atrás por un cuarto con lámparas,
y quedarnos con nuestro Secreto burlándose de sí,
y ocultándose en medio de flores y mandolinas,
observado por todos entre la ensalada y el café.
Y verlo a él temblar, y sentirme profética,
como quien firma un contrato...,
no flamante de ofrendas y promesas apiladas
por manos rosadas sobre su frente.
Y luego, ¡oh, noche! ¡Premeditada! ¡Grotesca!
¡Con todo nuestro cortejo emborronado por la entrega,
en un cuarto escogido en una hora de todos sabida!
Al día siguiente, él sentado tan indiferente, casi frío,
tan extrañamente cambiado, preguntándose por qué lloraba yo,
hasta que una especie de morboso desespero y locura voluptuosa
se apoderó de nosotros e hicimos el pacto de la muerte.

Un tallo de la esfera terrestre,
frágil como la luz de las estrellas,
aguarda de nuevo a ser arrastrado
al arroyo de la creación.
Pero en la próxima ocasión vendrá al mundo
y será admirado alguna vez
por Rafael y san Francisco a su paso.
Pues yo soy su hermano pequeño,
que ha de conocerse sin duda frente a frente
mediante un ciclo de renacimiento a partir de hoy.
Se puede conocer el suelo y la semilla;
se puede sentir caer la lluvia fría,
pero solo la esfera terrestre, solo el cielo
conoce el secreto de la semilla
en la cámara nupcial bajo la tierra.
Arrojadme otra vez al arroyo,
dadme otra oportunidad…
¡Sálvame, Shelley!

Anne Rutledge

De mí, indigna y desconocida,
las vibraciones de música inmortal:
«Sin malicia para nadie, con caridad para todos».[45]
De mí el perdón de millones hacia millones,
y el rostro benéfico de una nación
brillante de justicia y de verdad.
Yo soy Anne Rutledge, que duerme bajo esta mala hierba,
amada en vida de Abraham Lincoln,
casada con él, no a través de la unión,
sino de la separación.
¡Florece para siempre, oh, República,
desde el polvo de mi pecho!

---

45. Anne Rutledge (1813-1835) existió y conoció a Lincoln, de quien cuenta la leyenda que fue su amante y gran amor. En *The Genesis of Spoon River* Masters recuerda que su abuela solía llevarlo a la tumba de Rutledge cuando asistían a la iglesia de Concord. En 1890 la tumba se trasladó al cementerio de Oakland, en Petersburg, donde sigue hoy. El romance entre Lincoln y Rutledge se tomó por verdadero durante mucho tiempo, pero en la década de 1920 se puso en entredicho y hoy se tiene por un producto de la fantasía. Sin embargo, la *Antología de Spoon River* lo popularizó hasta tal punto que en 1921 se colocó una lápida nueva en la tumba de Anne grabada con este poema. La frase «Sin malicia para nadie, con caridad para todos» formó parte del segundo discurso inaugural de Lincoln. *(N. de la T.)*

Hamlet Micure

En la fiebre persistente acuden muchas visiones:
yo estaba en la casita otra vez
con su gran campo de trébol
que bajaba hasta la valla de madera,
a la sombra del roble,
donde los niños teníamos el columpio.
Pero la casita era una casa solariega
en un jardín, y el jardín estaba junto al mar.
Yo estaba en el cuarto donde el pequeño Paul
se ahogó de difteria,
y sin embargo no era ese cuarto...
Era una soleada galería cercada
de ventanas con parteluces,
y en una silla había sentado un hombre de capa oscura,
con un rostro como el de Eurípides.
Había venido a visitarme, o yo había ido a visitarlo...
No lo sabía.
Oíamos el batir del mar, el trébol cabeceaba
bajo un viento estival, y el pequeño Paul se llegó
con flores de trébol a la ventana y sonrió.
Entonces dije: «¿Qué es "divina desesperación", Alfred?».[46]
«¿Has leído *Lágrimas, vanas lágrimas?*», preguntó.
«Sí, pero allí no expresas divina desesperación.»
«Mi pobre amigo», contestó, «por eso la desesperación
era divina».

---

46. Se refiere a Alfred Tennyson (1809-1892), autor de *Lágrimas, vanas lágrimas*, que se le aparece a Hamlet Micure en la visión junto al pequeño Paul. *(N. de la T.)*

Mabel Osborne

¡Tus flores rojas entre hojas verdes
se amustian, hermoso geranio!
Pero no pides agua.
¡No puedes hablar! No necesitas hablar...
Todos saben que te mueres de sed,
pero ¡no traen agua!
Pasan de largo diciendo:
«El geranio necesita agua».
Y yo, que tenía felicidad que compartir
y quería compartir tu felicidad;
yo que te amaba, Spoon River,
y ansié tu amor,
marchita ante tus ojos, Spoon River...
sedienta, sedienta,
acallada por el pudor de mi alma para pedirte amor,
a ti, que me conocías y me viste perecer ante ti,
como este geranio que alguien ha plantado sobre mí
y lo ha dejado morir.

William H. Herndon

Allí, junto a la ventana en la vieja casa
encaramada al risco, de cara a millas de valle,
acabados mis días de trabajo, aguardando el declive de la vida,
día tras día rebusqué en mi memoria,
como quien mira en la bola de cristal de una hechicera,
y veía las figuras del pasado,
como en un desfile reflejado en un sueño brillante,
moverse por la increíble esfera del tiempo.
Y vi a un hombre alzarse del suelo como un fabuloso gigante
y arrojarse a un destino eterno,
señor de grandes ejércitos, jefe de la república,
juntando en un ditirambo de recreativo canto
las esperanzas épicas de un pueblo;
al mismo tiempo Vulcano de fuegos soberanos,
donde se forjaban espadas y escudos inmortales
con almas templadas en el cielo.
¡Mirad el cristal! Ved cómo se apresura
hacia el lugar donde su senda lleva a la senda
de un hijo de Shakespeare y Plutarco.
O Lincoln, sin duda actor, bien metido en tu papel,
y Booth,[47] que entró a zancadas en una parodia dentro de la obra,
os veía una y otra vez,
cuando los cuervos volaban graznando hacia el bosque
sobre mi tejado en solemnes ocasos,
allí junto a mi ventana,
solo.

--- ❦ ---

47. Se refiere a John Wilkes Booth (1838-1865), asesino de Lincoln y reputado actor en obras de Wi-
lliam Shakespeare. En cuanto al «hijo de Shakespeare y Plutarco», John E. Hallwas establece la rela-
ción de que muchas obras de Shakespeare se basaron en las *Vidas paralelas* de Plutarco. *(N. de la T.)*

Rebecca Wasson

¡Primavera y verano, otoño e invierno y primavera
siguiéndose unos a otros, siguiéndose por mi ventana!
¡Y yo yací en la cama tantos años viéndolos seguirse y contando
los años hasta que a veces un terror se apoderaba de mi corazón,
y me sentía como si fuera eterna; al fin
llegaron mis cien años! ¡Y seguía echada
oyendo el tictac del reloj, y el mugir del ganado
y el grito de un arrendajo atravesando en su vuelo las hojas que caían!
Día tras día sola en un cuarto de la casa
de una nuera herida por la edad y las canas.
Y de noche, de día o mirando por la ventana,
mi pensamiento regresaba, al parecer, por el tiempo infinito
a Carolina del Norte y a toda mi niñez,
y a John, mi John, lejos en la guerra con los británicos,
y a todos los niños, las muertes y a las penas.
Y ese trecho de vida como una pradera de Illinois
por el que pasaron grandes nombres como apurados jinetes:
Washington, Jefferson, Jackson, Webster, Clay.
¡Oh, hermosa joven república por quien mi John y yo
dimos todo nuestro amor y nuestra fuerza!
¡Y, oh, mi John!
¿Por qué, mientras yacía inútil en la cama tantos años,
rogando por tu regreso, se retrasó tu vuelta?
Si ya ves que, con un grito extasiado, como el que di
cuando me hallaste en la vieja Virginia tras la guerra,
lloré cuando te vi junto a la cama,
mientras el sol se hundía en el oeste, cada vez más pequeño y tenue
a la luz de tu rostro!

Rutherford McDowell

Me traían ambrotipos
de los viejos pioneros para ampliarlos.
Y a veces alguno posaba para mí…
alguien que ya vivía
cuando manos colosales arrancaron la república
del vientre del mundo.
¿Qué había en sus ojos?...
Pues nunca pude ahondar
en ese místico pesar de párpados caídos,
y el sereno dolor de su mirada.
Era como una charca
entre robles en la linde de un bosque,
donde caen las hojas,
mientras se oye el cacareo de un gallo
en una granja lejana, avistada junto a las colinas,
donde vive la tercera generación, y los hombres fuertes
y las mujeres fuertes han muerto y caído en el olvido.
¡Y estos nietos y bisnietos
de los pioneros!
¡Mi cámara captó fielmente también sus rostros
con buena parte de la vieja fuerza ausente,
y de la vieja fe ausente,
y del viejo dominio de la vida ausente,
y del viejo coraje ausente,
que trabaja y ama y sufre y canta
bajo el sol!

Hannah Armstrong

Le escribí una carta pidiéndole, por los viejos tiempos,
que dispensara a mi hijo enfermo del ejército;
pero quizá no pudo leerla.
Entonces me llegué al pueblo y pedí a James Garber,
que escribía maravillosamente, que le escribiera una carta;
pero quizá se perdiera en correos.
Así que viajé todo el trecho hasta Washington.
Me llevó una hora larga dar con la Casa Blanca.
Y cuando di con ella me negaron la entrada,
disimulando su sonrisa. Entonces pensé:
«¡Oh, bueno, ya no es el mismo que cuando lo hospedaba
y él y mi esposo trabajaban juntos
y todos lo llamábamos Abe, allí en Menard!».
En un último intento me volví a un guardia y dije:
«Por favor, dígale que es la vieja tía Hannah Armstrong
de Illinois, que ha venido a verlo por el hijo enfermo
que tiene en el ejército».
Pues bien, ¡me dejaron entrar al momento!
Y cuando me vio se echó a reír,
y dejó sus asuntos de presidente,
y escribió la dispensa de Doug de su puño y letra,
mientras hablaba sin parar de los viejos tiempos,
y contaba anécdotas.

Lucinda Matlock

Iba a los bailes de Chandlerville,
y jugaba a las cartas en Winchester.
Una vez cambiamos de pareja,
y volvimos a casa en coche a la luz de la luna de mediados de junio,
y entonces conocí a Davis.
Nos casamos y vivimos juntos setenta años,
disfrutando, trabajando, criando a nuestros doce hijos,
de los cuales perdimos ocho
antes de que cumpliera los sesenta.
Hilaba, tejía, llevaba la casa, cuidaba a los enfermos,
arreglaba el jardín, y en los días festivos
paseaba por los campos donde cantaban las alondras,
y a la vera de Spoon River recogía muchas conchas
y muchas flores y hierbas medicinales…
gritando a las colinas boscosas, cantando a los verdes valles.
A los noventa y seis ya había vivido bastante, eso es todo,
y pasé a un dulce reposo.
¿Qué es eso que oigo de pesar y de fatiga,
de ira, descontento y esperanzas truncadas?
Hijos e hijas degenerados,
la vida es demasiado fuerte para vosotros…
Hace falta vida para amar la Vida.

Davis Matlock

Suponed que no hay nada salvo la colmena:
que hay zánganos y obreros
y reinas, y nada salvo almacenar miel
—(cosas materiales y cultura y saber)—
para la generación siguiente, pues esta nunca vive
salvo cuando se enjambra al sol de la juventud,
fortaleciendo las alas con lo cosechado,
y probando el delicado botín
de camino a la colmena desde el campo de trébol.
Suponed todo esto, y suponed la verdad:
que la naturaleza del hombre es más grande
que las necesidades naturales de la colmena;
y que debéis llevar la carga de la vida,
así como el afán de vuestra alma desmedida…
Pues bien, yo digo que vivirla como un dios
confiado en la inmortalidad, aunque con dudas,
es el modo de vivirla.
Si eso no hace que Dios se enorgullezca de vosotros,
entonces Dios no es sino gravitación,
o el sueño es la meta dorada.

Herman Altman

¿Seguí la verdad allí donde llevara
y me alcé ante el mundo por alguna causa
y apoyé a los débiles contra los fuertes?
Si lo hice, seré recordado entre los hombres
como fui en vida conocido entre el pueblo,
y como fui odiado y amado en la Tierra.
Así que no me erijáis monumentos,
ni me talléis ningún busto,
no sea que, aunque no me torne un semidiós,
la realidad de mi alma se pierda,
para que mentirosos y ladrones,
que fueron mis enemigos y me destruyeron,
me reclamen y afirmen ante mi busto
que estuvieron conmigo cuando mi derrota.
No me erijáis monumentos
no sea que mi recuerdo se pervierta ante el hábito
de la mentira y la opresión.
Mis amantes y sus hijos no se verán privados de mí;
yo seré por siempre la posesión sin tacha
de aquellos por quienes viví.

Jennie M'Grew

¡No donde la escalera dobla en la oscuridad,
una figura encapuchada, ajada bajo una capa ondeante!
¡No unos ojos amarillos en el cuarto de noche,
mirando desde una superficie de gris telaraña!
¡Y no el batir de alas de un cóndor,
cuando nace el clamor de la vida en tus oídos
como un ruido nunca escuchado!
Sino una tarde soleada,
junto a un camino rural,
donde florece ambrosía púrpura en una cerca olvidada,
y el campo está espigado, y el aire está quieto,
ver algo negro contra la luz del sol,
como un borrón de bordes irisados:
esa es la seña para los ojos con visión...
¡Y eso vi yo!

Columbus Cheney

¡Este sauce llorón!
¿Por qué no plantáis unos cuantos
para los millones de niños que aún no han nacido,
lo mismo que para nosotros?
¿Acaso no son inexistentes, o células dormidas
sin mente?
¿O llegan a la Tierra y su nacimiento
destruye el recuerdo de su previo ser?
¡Responded! El campo de la intuición inexplorada es nuestro.
Pero, en todo caso, ¿por qué no plantar sauces para ellos,
lo mismo que para nosotros?

Wallace Ferguson

Allí en Ginebra, donde el Montblanc flotaba como una nube
sobre el lago del color del vino, cuando soplaba una brisa
de un limpio cielo azul, y el rugiente Ródano
se despeñaba bajo el puente entre abismos de roca;
y la música de los cafés era parte del esplendor
del agua danzante bajo un torrente de luz;
y el lado más puro del genio de Jean Rousseau
era la música callada de todo cuanto veíamos y oíamos...
Allí en Ginebra, digo, ¿era menos el éxtasis
porque no podía unirme al yo de antaño,
cuando veinte años antes deambulaba por Spoon River?
¿No recordaba qué era ni qué sentía?
Vivimos la hora presente libres de las horas pasadas.
Así que, oh, alma, si te pierdes en la muerte,
y despiertas en una Ginebra junto a un Montblanc,
¿qué te importa si no te reconoces como el yo
que vivió y amó en un pedazo de tierra
llamado Spoon River perdido hace siglos?

Marie Bateson

Observáis la mano tallada
con el índice apuntando al cielo.
Esa es la dirección, sin duda,
pero ¿cómo seguirla?
Está bien abstenerse del asesinato y la lujuria,
perdonar, hacer el bien a los demás, adorar a Dios
sin ídolos.
Pero eso son al fin medios externos
por los que se hace el bien propio sobre todo.
La esencia es la libertad,
es la luz, la pureza...
Ya no puedo más.
Dad con la meta o perdedla, conforme a vuestra visión.

Tennessee Claflin Shope

Yo era el hazmerreír del pueblo,
sobre todo de la gente de bien, como se hace llamar...
También de los eruditos, como el reverendo Peet, que leía griego
como leía el inglés.
Pues en lugar de hablar de libre comercio,
o predicar alguna forma de bautismo;
en lugar de creer en la eficacia
de no pisar la raya,[48] de coger los alfileres como es debido,
mirar la luna nueva por encima del hombro derecho,
o curar el reumatismo con espiguilla,
reivindiqué la soberanía de mi alma.
Incluso antes de que Mary Baker G. Eddy se estrenara
con lo que ella llamaba ciencia,
yo dominaba el *Bhagavad Gita*,
y curé mi alma, antes de que Mary
empezara a curar cuerpos con almas...
¡Paz para todos los mundos!

---

48. Alusión a una superstición que reza: *Step on a crack, break your mother's back*, es decir, que si pisas una raya, grieta o hendidura del pavimento, se romperá la espalda de tu madre. *(N. de la T.)*

Plymouth Rock Joe

¿Por qué corréis tan deprisa de acá para allá
cazando mariposas o mosquitos?
Algunos permanecéis solemnes escarbando en busca de larvas;
otros aguardáis a que el maíz se esparza.
La vida es eso, ¿verdad?
¡Quiquiriquí! Muy bien, Thomas Rhodes,
tú eres sin duda el gallo del gallinero.
Pero ahí viene Elliott Hawkins,
Cloc, cloc, cloc, atrayendo a adláteres políticos.
¡Cua, cua cua! ¿Por qué tan poética, Minerva,
esta mañana gris?
¡Quiti, cua, cua! de vergüenza, Lucius Atherton,
el ronco graznido que evocaste en la garganta
de Aner Clute lo recogerá luego
la señora Benjamin Pantier como un grito
para el voto de la mujer: ¡ca tuc… tuc!
¿Qué te ha inspirado a ti, Margaret Fuller Slack?
¿Y por qué tus ojos de grosella
revolotean tan húmedos, Tennessee Clafflin Shope?
¿Tratas de dilucidar el esoterismo de un huevo?
Tu voz es muy metálica esta mañana, Hortense Robbins…
¡Casi como la de una gallina de Guinea!
¡Cua! He ahí un sonido gutural, Isaiah Beethoven;
¿viste la sombra del halcón,
o acaso pisaste los muslos
que el cocinero arrojó esta mañana?
Seáis caballerescos, heroicos o ambiciosos,
metafísicos, religiosos o rebeldes,
¡jamás saldréis del corral
salvo por encima de la valla,
mezclados con pieles de patata y otros despojos, al comedero!

Imanuel Ehrenhardt[49]

Empecé con las clases de sir William Hamilton.
Luego estudié a Dugald Stewart,
y luego a John Locke sobre el Entendimiento,[50]
y luego a Descartes, Fichte y Schelling,
a Kant y luego a Schopenhauer…
Libros que me prestó el viejo juez Somers.
Todos leídos con devota entrega,
con la esperanza de que me estuviera reservado
agarrar el rabo del secreto último,
y arrastrarlo fuera de su madriguera.
Mi alma se elevó a diez mil millas,
y solo la luna parecía un poco más grande.
Luego caí, ¡qué agradecido por la tierra!
Todo a través del alma de William Jones
que me enseñó una carta de John Muir.

49. En la recopilación de Macmillan de 1916 consta como Imanuel, con una eme. En ediciones posteriores, como la antología anotada de John E. Hallwas, aparece como Immanuel. *(N. de la T.)*
50. *Ensayo sobre el entendimiento humano,* John Locke, 1690. *(N. de la T.)*

Samuel Gardner

Yo, que cuidé el invernadero,
amante de árboles y flores,
a menudo admiré en vida este olmo umbroso,
midiendo sus generosas ramas con la vista,
y escuché a sus regocijadas hojas
acariciarse tiernamente unas a otras
con dulces eólicos susurros.
Y bien que podían:
pues sus raíces se habían hecho tan anchas y profundas
que el suelo de la colina no podía retener
nada de su vigor, enriquecido por la lluvia,
y calentado por el sol,
sino que lo cedía todo a las frugales raíces,
por donde ascendía y se arremolinaba al tronco,
y de allí a las ramas y a las hojas,
donde la brisa cobraba vida y cantaba.
Ahora yo, subarrendatario de la tierra, puedo ver
que las ramas de un árbol
no se despliegan más que las raíces.
¿Y cómo podría ser el alma de un hombre
más grande que la vida que ha vivido?

Dow Kritt

Samuel está siempre hablando de su olmo,
pero yo no tuve que morir para saber de raíces…
Yo, que cavé todas las zanjas de Spoon River.
¡Mirad mi olmo!
Brotado de una semilla tan buena como la suya,
sembrado al mismo tiempo,
se muere por la copa:
no por falta de vida, no por hongos,
no por una plaga destructora, como cree el sacristán.
Mira, Samuel, donde las raíces han tocado piedra
y ya no pueden extenderse.
Y entretanto la copa
se extenúa y muere
al tratar de crecer.

William Jones

De vez en cuando, una curiosa hierba extraña para mí,
cuyo nombre debía buscar entre mis libros;
de vez en cuando una carta de Yeomans.
De las conchas de mejillones recogidas en la orilla,
a veces una perla con un brillo como de ruda de los prados.
Luego, cada tanto, una carta de Tyndall, en Inglaterra,
franqueada con el matasellos de Spoon River.
Yo, amante de la Naturaleza, amado por mi amor por ella,
mantuve esas conversaciones a distancia con los grandes
que la conocen mejor que yo.
Oh, pero no hay nada grande ni pequeño,
salvo que, al engrandecerla, ganamos con su intenso deleite.
Con conchas del río cubridme, cubridme.
Viví en el asombro, adorando cielo y tierra.
He pasado al desfile eterno de la vida infinita.

William Goode

Los del pueblo pensaban, sin duda,
que iba sin rumbo de acá para allá.
Pero aquí junto al río se ve al anochecer
a los murciélagos de alas tersas zigzagueando alrededor...
Deben volar así para atrapar su alimento.
Y si os habéis perdido de noche alguna vez,
en el espeso bosque cerca de Miller's Ford,
e ido de un lado para otro,
allí donde brillara la luz de la Vía Láctea,
tratando de hallar la senda,
deberíais comprender que yo buscaba el camino
con mucho ahínco, y que todo mi vagar
era vagar en su busca.

J. Milton Miles

Siempre que la campana presbiteriana
sonaba sola, sabía que era la campana presbiteriana.
Pero cuando su sonido se mezclaba
con el sonido de la metodista, la cristiana,
la baptista y la congregacionista,
ya no la distinguía,
ni unas de otras, ni ninguna de ellas.
Y como tantas voces me llamaron en vida
no os extrañéis de que no distinguiera
las verdaderas de las falsas,
ni siquiera, al final, la voz que debí haber conocido.

Faith Matheny

Al principio no sabrás qué significan,
y tal vez nunca lo sepas,
y tal vez no te lo digamos nunca:
esos destellos súbitos del alma,
como tenues relámpagos sobre nubes de nieve
a medianoche cuando hay luna llena.
Te llegan en soledad, o quizá
estás con un amigo y, de pronto,
cae un silencio sobre las palabras, y sus ojos
te iluminan sin un parpadeo:
habéis visto los dos juntos el secreto,
él lo ve en ti, y tú en él.
Y allí te quedas, turbado, no sea que el Misterio
se alce ante ti y te fulmine
con un esplendor como el del sol.
¡Sed fuertes, almas que tenéis esas visiones!
Así como vuestro cuerpo está vivo y el mío, muerto,
lo que os llega es un vaho del éter
reservado al mismo Dios.

Scholfield Huxley

¡Dios! No me pidas que refiera tus maravillas.
Reconozco las estrellas y los soles
y los mundos incontables.
Pero he medido sus distancias
y los he pesado y he descubierto su sustancia.
He concebido alas para el aire,
y quillas para el agua,
y caballos de hierro para la tierra.
He aumentado en un millón la visión que me diste
y el oído que me diste en un millón.
He salvado el espacio con palabras,
y sacado fuego del aire para hacer luz.
He erigido grandes urbes y horadado montes
y levantado puentes sobre regias aguas.
He escrito la *Ilíada* y *Hamlet*;
y he explorado tus misterios,
y te he buscado sin tregua,
y te he encontrado de nuevo tras perderte
en horas de flaqueza…
Y te pregunto:
¿Qué te parecería crear un sol
y que al día siguiente los gusanos
se deslizaran entre tus dedos?

Willie Metcalf

Yo era Willie Metcalf.
Me llamaban «doctor Meyers»
porque —decían— me parecía a él.
Y él era mi padre, según Jack McGuire.
Vivía en la caballeriza,
dormía en el suelo
pegado al bulldog de Roger Baughman,
o a veces en un establo.
Podía gatear entre las patas de los más fieros caballos
sin que me cocearan; nos conocíamos.
Los días de primavera vagaba por el campo
para tener la sensación, que a veces perdía,
de que no era una cosa separada de la tierra.
Solía perderme, como en sueños,
echado en el bosque con los ojos entornados.
A veces hablaba con los animales —hasta con sapos y culebras—,
todo lo que tuviera un ojo al que mirar.
Una vez vi una piedra al sol
tratando de volverse gelatina.
Los días de abril en este cementerio
los muertos se juntaban a mi alrededor,
y se quedaban quietos, como una congregación que ora en silencio.
Nunca supe si yo era parte de la tierra
con flores creciendo en mí, o si caminaba…
Ahora lo sé.

Willie Pennington

Me llamaban enclenque, simplón,
pues mis hermanos eran fuertes y hermosos,
mientras que yo, último hijo de padres ya mayores,
solo heredé la sombra de sus fuerzas.
Pero a ellos, mis hermanos, los devoró
la furia de la carne, que yo no tuve,
los trituró la actividad de los sentidos, que yo no tuve,
los curtió el furor de las pasiones, que yo no tuve,
a fuerza de adquirir fama y fortuna.
Entonces yo, el débil, el simplón,
recostado en un pequeño rincón de la vida,
tuve una visión, y a través de mí la vieron muchos,
sin saber que era a través de mí.
Y así brotó un árbol
de mí, un grano de mostaza.

El ateo del pueblo

Vosotros, jóvenes que debatís sobre la doctrina
de la inmortalidad del alma,
yo, que aquí yazgo, fui el ateo del pueblo,
hablador, conflictivo, versado en los argumentos
de los infieles.
Pero durante una larga enfermedad,
tosiendo hacia la muerte,
leí el Upanishad y la poesía de Jesús.
Y prendieron una antorcha de esperanza e intuición
y deseo que la Sombra,
que me guiaba rauda por las cavernas de la oscuridad,
no pudo extinguir.
Escuchadme, vosotros que vivís en los sentidos
y pensáis solo a través de los sentidos:
la inmortalidad no es un don,
la inmortalidad es un logro,
y solo aquellos que pugnan con ardor
la poseerán.

John Ballard

En el furor de mi fuerza
maldije a Dios, pero no me hizo caso:
bien podría haber maldecido a las estrellas.
En mi última dolencia agonicé, pero estaba resuelto
y maldije a Dios por mi dolor;
siguió sin hacerme caso,
me dejó solo, como había hecho siempre.
Bien podría haber maldecido el campanario presbiteriano.
Más tarde, según decaía, me asaltó un temor:
quizá había alejado a Dios al maldecirlo.
Un día Lydia Humphrey me compró un ramo
y se me ocurrió intentar hacer las paces con Dios,
así que intenté hacer las paces con Él.
Bien podría haber intentado hacer las paces con el ramo.
Ahora ya estaba muy cerca del secreto,
pues sí que pude hacer las paces con el ramo
al aferrarme al amor que sentía por el ramo,
así que me acercaba con sigilo al secreto, pero…

Julian Scott

Hacia el final
la verdad de otros era mentira para mí;
la justicia de otros, injusticia para mí;
sus razones para morir, razones en mí para vivir;
sus razones para vivir, razones en mí para morir;
habría matado a los que salvaban,
y salvado a los que mataban.
Y entendí que un Dios, si traído a la tierra,
tenía que obrar según veía y pensaba,
y no podía vivir en este mundo de hombres
y obrar entre ellos codo con codo
sin constantes pugnas.
El polvo es para arrastrarse, el cielo es para volar…
¡Por lo tanto, oh, alma, cuyas alas han brotado,
remonta el vuelo al sol!

Alfonso Churchill

Me llamaban «profesor Luna» para reírse de mí,
ya de niño en Spoon River, nacido con la sed
de conocer los astros.
Se burlaban cuando hablaba de los montes lunares,
y del frío y calor sublimes,
y de los valles de ébano junto a picos de plata,
y de Spica a cuatrillones de millas,
y de la pequeñez del hombre.
Pero ahora que se honra mi tumba, amigos,
que no sea porque enseñé
la sabiduría de los astros en Knox College,
sino mejor por esto: que a través de los astros
prediqué la grandeza del hombre,
que no es parte pequeña del diseño de las cosas
en la distancia de Spica o la Nebulosa Espiral;
ni es parte menor tampoco de la pregunta
sobre qué significa este drama.

Zilpha Marsh

A las cuatro en punto a finales de octubre
estaba sentada a solas en la escuela del pueblo,
lejos del camino, entre campos diezmados,
y un remolino de viento soplaba hojas contra la ventana,
y canturreaba en el tiro de la estufa,
cuya puerta abierta emborronaba las sombras
con el brillo espectral de un fuego moribundo.
Yo jugueteaba sin ganas con la plancheta...[51]
y de pronto mi muñeca perdió fuerza
y mi mano se deslizó rauda por la tabla
hasta que deletreó el nombre de «Charles Guiteau»,
que amenazó con materializarse ante mí.
Me levanté y huí del cuarto sin sombrero
hacia el anochecer, temerosa de mi don.
Y tras aquello me rodearon los espíritus
—Chaucer, César, Poe y Marlowe,
Cleopatra y la señora Surrat...—
allí donde fuera, con mensajes...
Pura charlatanería, convino Spoon River.
Pero ¿acaso no decís disparates a los niños?
Pues suponed que yo vi lo que nunca visteis
y jamás oísteis ni le podéis dar nombre.
¡Debo decir disparates cuando preguntáis
qué es lo que veo!

---

51. *Planchette*, conocida en español como «plancheta», es una tabla para practicar la escritura automática o sesiones de espiritismo. *(N. de la T.)*

James Garber

¿Te acuerdas, paseante, del sendero
que abrí en el solar donde hoy se alza la ópera,
a fuerza de ir al trabajo a paso ligero durante tantos años?
Tómate a pecho lo que significa:
quizá tú también camines, hasta que las colinas de Miller's Ford
ya no parezcan tan lejanas;
y mucho después de verlas al alcance de la mano,
tras cuatro millas de prado;
y hasta que el amor de mujer sea callado,
sin decir ya más: «Yo te salvaré».
Y hasta que los rostros de amigos y parientes
sean como retratos desvaídos, lastimeramente silenciosos,
tristes con el gesto que denota: «No podemos ayudarte».
Y hasta que ya no le reproches a la humanidad
que esté conchabada contra las manos elevadas de tu alma…
ella misma forzada a medianoche y mediodía
a observar con la mirada firme su destino.
Cuando comprendas todo esto, piensa en mí
y en mi sendero, yo que anduve por él y supe
que ni hombre ni mujer, ni tampoco empeño
ni deber, ni oro ni poder
alivian la pasión del alma,
¡la soledad del alma!

Lydia Humphrey

De acá para allá, de acá para allá, yendo y viniendo de la iglesia,
con la Biblia bajo el brazo
hasta que fui canosa y vieja;
soltera, sola en el mundo,
con hermanos y hermanas en la congregación,
e hijos en la iglesia.
Sé que se reían y me creían rara.
Sabía de las almas como águilas que volaban alto en la luz del sol,
por encima del campanario de la iglesia, y que se reían de la iglesia,
me desdeñaban, sin verme.
Pero si las alturas eran buenas para ellas, la iglesia era buena para mí.
¡Era la visión, visión, visión de los poetas
democratizada!

Le Roy Goldman

«¿Qué haréis cuando os llegue la muerte,
si toda vuestra vida habéis negado a Jesús,
y ahora, mientras yacéis ahí, Él no es vuestro amigo?»,
decía una y otra vez, yo, el evangelista.
¡Ah, sí! Pero hay amigos y amigos.
Y benditos seáis, yo digo, los que ahora lo sabéis todo,
vosotros que habéis perdido, antes de morir,
a un padre o una madre, o a un abuelo o abuela,
algún alma hermosa que vivió la vida de frente,
y os conoció por entero, y os quiso siempre,
que no dejaría de interceder por vosotros
ni de dar a Dios una íntima visión de vuestra alma,
como solo podía hacer uno de vuestra sangre.
¡Esa es la mano que buscará vuestra mano
para guiaros por el pasillo
al tribunal donde seréis extraños!

Gustav Richter

Tras una larga jornada en mis viveros
el sueño era dulce, pero si duermes sobre el costado izquierdo
tus sueños pueden acabar de pronto.
Yo estaba entre mis flores, donde alguien
parecía cultivarlas a prueba,
como para luego trasplantarlas
a un jardín mayor de aire más fresco.
Y yo era una visión incorpórea
entre una luz, como si el sol hubiera entrado
flotando, hasta tocar el techo de cristal
como un globo, y hubiera explotado quedo,
y se hubiera hecho etéreo en aire dorado.
Y era todo silencio, salvo que el esplendor
era inmanente a un pensamiento tan claro
como una voz parlante, y yo, como el pensamiento,
oía una Presencia pensar mientras ella andaba
por entre las cajas pellizcando hojas,
buscando insectos y sopesando valores,
con un ojo que todo lo veía:
«¡Homero, oh, sí! Pericles, bien.
César Borgia, ¿qué haremos con él?
Dante, demasiado abono, tal vez.
Napoleón, dejémoslo un rato por ahora.
Shelley, más tierra. Shakespeare, hay que fumigarlo…».[52]
¡Eh, nubes!...

---

52. *Spraying* también es «rociar», pero me inclino por la fumigación, por lo que Masters escribió en su biografía de Whitman: «Él [Whitman] sabía que Shakespeare, la Biblia y de hecho cualquier libro puede someterse a tal estudio constante que adquiere elementos de belleza y grandeza que en realidad no posee. Por mi parte, estoy seguro de que Shakespeare y la Biblia han alcanzado su preeminencia como resultado de muchos años de estudio, propaganda y comentarios». Fuente: *Beyond Spoon River*, Ronald Primeau, University of Texas Press, Austin, 1981. *(N. de la T.)*

Arlo Will

¿Alguna vez visteis a un caimán
asomar al aire desde el fango,
cegado por el pleno resplandor del mediodía?
¿Habéis visto a los caballos en la cuadra de noche
temblar y recular ante la luz de un farol?
¿Habéis caminado alguna vez a oscuras
cuando se ha abierto ante vosotros una puerta ignota
y os habéis detenido a la luz como de un millar de velas
de delicada cera?
¿Habéis caminado con el viento en los oídos
y la luz del sol alrededor
y visto de pronto que brillaba con un esplendor interno?
¡Fuera del fango muchas veces,
ante muchas puertas de luz,
por muchos campos de esplendor,
donde una gloria callada se esparce en torno a vuestros pasos
como nieve recién caída,
recorreréis la tierra, oh, fuertes de espíritu,
y los innumerables cielos
hasta la llama final!

Capitán Orlando Killion

¡Oh, vosotros, jóvenes radicales y soñadores,
intrépidos pipiolos,
que pasáis junto a mi lápida,
no os burléis de que atestigüe mi capitanía en el ejército
ni mi fe en Dios!
La una no niega a la otra.
Pasad con reverencia, y leed con sobria atención
cómo un gran pueblo, que montaba con gritos desafiantes
el centauro de la Revolución,
espoleado y fustigado hasta el delirio,
tembló de miedo al ver la bruma del mar
encima del precipicio al que llegaba
y se cayó de su lomo en súbito asombro
para celebrar la Fiesta del Ser Supremo.[53]
Conmovidos por la misma sensación de vasta realidad
de la vida y la muerte, y cargados como estaban
con el destino de una raza,
¿cómo iba yo, un pequeño blasfemo,
atrapado en la deriva del torrente desatado de una nación,
seguir siendo un blasfemo
y un capitán del ejército?

---

53. La Fiesta del Ser Supremo era la culminación del Culto al Ser Supremo, una suerte de dogma supuestamente laico que se observó en la época del Terror francés (1793-1794) a modo de sustituto del católico y que cambió a su Dios por un Ser Supremo que al parecer no intervenía en los asuntos de los hombres, salvo por el detalle de que estos debían rendirle culto. *(N. de la T.)*

Jeremy Carlisle

Paseante, el pecado mayor de los pecados
es el pecado de la ceguera de las almas para con otras almas.
¡Y el gozo mayor de los gozos es el gozo
de que se vea el bien que hay en vosotros, y de ver el bien
en el momento milagroso!
Aquí confieso un altivo desdén,
y un áspero escepticismo.
Pero ¿os acordáis del líquido que Penniwit
vertía en los ferrotipos y los tornaba azules
con un velo como de humo de nogal?
¿Y de que entonces se aclaraba el retrato
hasta que se aparecía el rostro como vivo?
Así os aparecíais ante mí, los olvidados,
y también los enemigos, mientras avanzaba
con mi rostro cada vez más claro para vosotros y el vuestro
cada vez más claro para mí.
Luego ya estábamos listos para caminar juntos
y entonar en coro y cantarle al alba
de la vida que es la vida plena.

Joseph Dixon

¿Quién esculpió esta arpa hecha añicos en mi lápida?
Para vosotros morí, no cabe duda. Pero ¿cuántos pianos y arpas
encordé y tensé y desenredé para vosotros,
y los hice dulces de nuevo, con o sin diapasón?
¡Oh, bueno! Un arpa sale del oído de un hombre, decís,
pero ¿de dónde sale el oído que dicta la longitud de las cuerdas
según una magia de cifras que vuelan ante vuestro pensamiento
por una puerta que se cierra contra vuestro asombro jadeante?
¿Acaso no hay Oído en torno al oído de un hombre, que percibe
por cuerdas y columnas de aire, el alma del sonido?
Me estremezco al llamarlo el diapasón que atrapa
las lejanas ondas de música y luz entreveradas,
la antena de Pensamiento que escucha en el espacio supremo.
Sin duda la concordancia que regía mi alma es prueba
de un Oído que me afinaba, capaz de afinarme de nuevo
y usarme otra vez si soy digno de usarme.

Judson Stoddard

Sobre una cumbre encima de las nubes
que corrían como un mar a mis pies
yo dije ese pico es el pensamiento de Buda,
y ese es la plegaria de Jesús,
y este es el sueño de Platón,
y aquel de ahí el canto de Dante,
y este es Kant y este, Newton,
y este es Milton y este es Shakespeare,
y este, la esperanza de la Madre Iglesia,
y este... Bueno, todos estos picos son poemas,
poemas y plegarias que horadan las nubes.
Y dije: «¿Qué hace Dios con montañas
que se alzan casi hasta el cielo?».

Russell Kincaid

En la última primavera que conocí,
en esos últimos días,
me sentaba en el huerto olvidado
donde rielaban tras campos de verde
las colinas de Miller's Ford
solo para pensar en el manzano,
de heridas ramas y tronco destrozado,
y brotes verdes cuyas delicadas flores
rociaban su embrollado esqueleto,
sin jamás dar fruto.
Y allí estaba yo con el alma ceñida
por la carne medio muerta, los sentidos embotados,
pero pensando en la juventud y en la tierra en su juventud...
esas flores fantasmales de pálido brillo
sobre las ramas sin vida del Tiempo.
¡Oh, tierra que nos dejas antes de que el cielo nos tome!
Ojalá hubiera sido solo un árbol estremecido
por sueños de primavera y una juventud frondosa,
pues habría caído en el ciclón
que me hubiera barrido del suspense del alma
donde no hay tierra ni cielo.

Aaron Hatfield

Mejor que el granito, Spoon River,
es la imagen mental que guardas de mí
de pie ante los hombres y mujeres pioneros,
allí en la iglesia de Concord un día de comunión,
hablando con voz quebrada del joven campesino
de Galilea, que fue a la ciudad
y lo mataron abogados y banqueros;
mi voz mezclada con el viento de junio
que soplaba de Atterbury sobre campos de trigo,
mientras las blancas lápidas del camposanto
rielaban en torno a la iglesia al sol estival.
Y allí, aunque mis recuerdos eran
una carga demasiado pesada, estabais vosotros, oh, pioneros,
con la cabeza baja, exhalando vuestra pena
por los hijos muertos en combate y por las hijas
y los niños que desaparecieron en el alba de la vida,
o en la intolerable hora del mediodía.
Pero ¡en esos momentos de trágico silencio,
cuando se pasaban el vino y el pan,
nos llegó la reconciliación...
a nosotros, los labradores y los leñadores,
a nosotros, los campesinos, hermanos del campesino de Galilea...
a nosotros vino el Consolador
y el consuelo de las lenguas de fuego!

Isaiah Beethoven

Me dijeron que me quedaban tres meses de vida,
así que me arrastré hasta Bernadotte,
y me senté durante horas junto al molino,
donde las aguas reunidas que se movían al fondo
no parecían moverse:
¡Oh, mundo, eso eres tú!
No eres sino un ensanche del río
donde la Vida se mira y nos alegramos por ella,
espejada en nosotros, y así soñamos
y nos volvemos, pero cuando buscamos
de nuevo el rostro, ¡vemos las llanuras
y los heridos álamos donde nos vaciamos
en la corriente mayor!
Pero aquí junto al molino las nubes como castillos
se burlaban de sí mismas en el agua agitada;
y sobre su lecho ágata de noche
la llama de la luna corrió bajo mis ojos
entre una quietud de bosque rota
por una flauta en una choza sobre la colina.
Al fin, cuando vine a echarme en la cama,
dolorido y débil, envuelto en sueños,
el alma del río había entrado en mi alma,
y el poder reunido de mi alma se movía
tan veloz que parecía quieto
bajo ciudades de nubes y bajo
esferas de plata y mundos cambiantes...
¡hasta que vi un destello de trompetas
encima de las almenas sobre el Tiempo!

Elijah Browning

Me hallaba entre una multitud de niños
danzando a los pies de un monte.
Una brisa soplaba del este y los barrió como a hojas,
llevándose a algunos ladera arriba... Había cambiado todo.
Aquí había luces volantes, y lunas místicas, y música de ensueño.
Una nube cayó sobre nosotros. Cuando se alzó había cambiado
    todo.
Ahora me hallaba entre multitudes que reñían.
Luego una figura de oro reluciente, y otra con una trompeta,
y otra con un cetro se alzaron ante mí.
Se burlaron de mí y bailaron un rigodón y se esfumaron...
Había cambiado todo otra vez. De un enramado de amapolas
una mujer descubría sus senos y elevaba su boca abierta a la mía.
La besé. Sus labios sabían a sal.
Me dejó sangre en los míos. Caí exhausto.
Me levanté y ascendí más alto, pero una bruma como de iceberg
nublaba mis pasos. Tenía frío y dolor.
Luego el sol corrió de nuevo sobre mí,
y vi las brumas debajo tapándolo todo a sus pies.
¡Y yo, inclinado sobre mi cayado, me reconocí
recortado contra la nieve! Y sobre mí
estaba el aire insonoro, atravesado por un cono de hielo,
del que colgaba una estrella solitaria!
Un escalofrío de éxtasis, un escalofrío de miedo
me recorrió. Pero no podía volver a la ladera...
No, no deseaba volver.
Pues las gastadas olas de la sinfonía de libertad
lamían los etéreos acantilados que me rodeaban.

Por tanto, trepé al pináculo.
Arrojé el cayado.
Toqué aquella estrella
con la mano alargada.
Me esfumé por completo.
¡Pues el monte entrega a la Verdad Infinita
a todo el que toque la estrella!

Webster Ford

¿Te acuerdas, oh, délfico Apolo,
de la hora del crepúsculo junto al río, cuando Mickey M'Grew
gritó: «¡Hay un fantasma!». Y yo: «¡Es el délfico Apolo!»;
y el hijo del banquero se rio de nosotros, diciendo: «Es la luz
de las banderas a orillas del agua, tontos de remate»,
y desde entonces, según corrían los tediosos años, mucho después
de que el pobre Mickey cayera hacia la muerte desde
      la torre de agua,
y se hundiera, se hundiera a través de una bramante oscuridad, ¿llevé
la visión que pereció con él como un cohete que cae
y apaga su luz en la tierra, y la oculté por miedo
al hijo del banquero, invocando a Pluto para que me salvara?
¡Fuiste vengado por la vergüenza de un corazón cobarde,
que me dejó solo hasta que te vi de nuevo, en una hora
en que parecía haberme vuelto un árbol con tronco y ramas,
endurecidas, tornándose piedra, pero floreciendo
en hojas de laurel, en huestes de laurel centelleante,
temblando, agitándose, encogiéndose, luchando
      contra el aturdimiento
que trepaba por sus venas desde las ramas y el tronco moribundos!
En vano es, oh, jóvenes, huir de la llamada de Apolo.
Arrojaos al fuego, morid con una canción de primavera,
si debéis morir en primavera. Pues ninguno mirará
el rostro de Apolo y vivirá, y debéis escoger
entre la muerte en la llama y la muerte tras años de dolor,
arraigados firmes en la tierra, sintiendo la mano truculenta,
no tanto en el tronco como en el terrible aturdimiento

que trepa hasta las hojas de laurel que nunca deja
de florecer hasta que os caéis. Oh, hojas mías
demasiado secas para guirnaldas, y solo buenas
para urnas de memoria, atesoradas, tal vez, como temas
para heroicos corazones, que viven y cantan temerarios...
¡Délfico Apolo!

SPOON RIVER ANTHOLOGY

The Hill

Where are Elmer, Herman, Bert, Tom and
*   Charley,*
The weak of will, the strong of arm, the clown,
*   the boozer, the fighter?*
All, all are sleeping on the hill.

One passed in a fever,
One was burned in a mine,
One was killed in a brawl,
One died in a jail,
One fell from a bridge toiling for children
*   and wife —*
All, all are sleeping, sleeping, sleeping on the hill.

Where are Ella, Kate, Mag, Lizzie and Edith,
The tender heart, the simple soul, the loud,
*   the proud, the happy one? —*
All, all are sleeping on the hill.

One died in shameful child-birth,
One of a thwarted love,

One at the hands of a brute in a brothel,
One of a broken pride, in the search for
*   heart's desire;*
One after life in far-away London and Paris
Was brought to her little space by Ella and
*   Kate and Mag —*
All, all are sleeping, sleeping, sleeping on the hill.

Where are Uncle Isaac and Aunt Emily,
And old Towny Kincaid and Sevigne
*   Houghton,*
And Major Walker who had talked
With venerable men of the revolution? —
All, all are sleeping on the hill.

They brought them dead sons from the war,
And daughters whom life had crushed,
And their children fatherless, crying —
All, all are sleeping, sleeping, sleeping on the hill.

Where is Old Fiddler Jones
Who played with life all his ninety years,

Braving the sleet with bared breast,
Drinking, rioting, thinking neither of wife
nor kin,
Nor gold, nor love, nor heaven?
Lo! he babbles of the fish-frys of long ago,
Of the horse-races of long ago at Clary's
Grove,
Of what Abe Lincoln said
One time at Springfield.

Hod Putt

Here I lie close to the grave
Of Old Bill Piersol,
Who grew rich trading with the Indians,
and who
Afterwards took the bankrupt law
And emerged from it richer than ever
Myself grown tired of toil and poverty
And beholding how Old Bill and others grew
in wealth,
Robbed a traveler one night near Proctor's
Grove,
Killing him unwittingly while doing so,
For which I was tried and hanged.
That was my way of going into bankruptcy.
Now we who took the bankrupt law in our
respective ways
Sleep peacefully side by side.

Ollie McGee

Have you seen walking through the village
A man with downcast eyes and haggard face?
That is my husband who, by secret cruelty

Never to be told, robbed me of my youth and
my beauty;
Till at last, wrinkled and with yellow teeth,
And with broken pride and shameful humility,
I sank into the grave.
But what think you gnaws at my husband's
heart?
The face of what I was, the face of what he
made me!
These are driving him to the place where I lie.
In death, therefore, I am avenged.

Fletcher McGee

She took my strength by minutes,
She took my life by hours,
She drained me like a fevered moon
That saps the spinning world.
The days went by like shadows,
The minutes wheeled like stars.
She took the pity from my heart,
And made it into smiles.
She was a hunk of sculptor's clay,
My secret thoughts were fingers:
They flew behind her pensive brow
And lined it deep with pain.
They set the lips, and sagged the cheeks,
And drooped the eyes with sorrow.
My soul had entered in the clay,
Fighting like seven devils.
It was not mine, it was not hers;
She held it, but its struggles
Modeled a face she hated,
And a face I feared to see.

I beat the windows, shook the bolts.
I hid me in a corner—
And then she died and haunted me,
And hunted me for life.

Robert Fulton Tanner

If a man could bite the giant hand
That catches and destroys him,
As I was bitten by a rat
While demonstrating my patent trap,
In my hardware store that day.
But a man can never avenge himself
On the monstrous ogre Life.
You enter the room—that's being born;
And then you must live—work out your soul,
Aha! the bait that you crave is in view:
A woman with money you want to marry,
Prestige, place, or power in the world.
But there's work to do and things to
    conquer—
Oh, yes! the wires that screen the bait.
At last you get in—but you hear a step:
The ogre, Life, comes into the room,
(He was waiting and heard the clang of the
    spring)
To watch you nibble the wondrous cheese,
And stare with his burning eyes at you,
And scowl and laugh, and mock and curse
    you,
Running up and down in the trap,
Until your misery bores him.

Cassius Hueffer

They have chiseled on my stone the words:
"His life was gentle, and the elements so mixed
    in him
That nature might stand up and say to all the
    world,
This was a man."
Those who knew me smile
As they read this empty rhetoric.

My epitaph should have been:
"Life was not gentle to him,
And the elements so mixed in him
That he made warfare on life,
In the which he was slain."
While I lived I could not cope with slanderous
    tongues,
Now that I am dead I must submit to an
    epitaph
Graven by a fool!

Serepta Mason

My life's blossom might have bloomed on all
    sides
Save for a bitter wind which stunted my petals
On the side of me which you in the village
    could see.
From the dust I lift a voice of protest:
My flowering side you never saw!
Ye living ones, ye are fools indeed
Who do not know the ways of the wind
And the unseen forces
That govern the processes of life.

Amanda Barker

Henry got me with child,
Knowing that I could not bring forth life
Without losing my own.
In my youth therefore I entered the portals
   of dust.
Traveler, it is believed in the village where I
   lived
That Henry loved me with a husband's love,
But I proclaim from the dust
That he slew me to gratify his hatred.

Constance Hately

You praise my self-sacrifice, Spoon River,
In rearing Irene and Mary,
Orphans of my older sister!
And you censure Irene and Mary
For their contempt for me!
But praise not my self-sacrifice,
And censure not their contempt;
I reared them, I cared for them, true enough! —
But I poisoned my benefactions
With constant reminders of their dependence.

Chase Henry

In life I was the town drunkard;
When I died the priest denied me burial
In holy ground,
   The which redounded to my good fortune.
For the Protestants bought this lot,
And buried my body here,
Close to the grave of the banker Nicholas,
And of his wife Priscilla.

Take note, ye prudent and pious souls,
Of the cross-currents in life
Which bring honor to the dead, who lived in
   shame.

Harry Carey Goodhue

You never marveled, dullards of Spoon River,
When Chase Henry voted against the saloons
To revenge himself for being shut off.
But none of you was keen enough
To follow my steps, or trace me home
As Chase's spiritual brother.
Do you remember when I fought
The bank and the courthouse ring,
For pocketing the interest on public funds?
And when I fought our leading citizens
For making the poor the pack-horses of the
   taxes?
And when I fought the water works
For stealing streets and raising rates?
And when I fought the businessmen
Who fought me in these fights?
Then do you remember:
That staggering up from the wreck of defeat,
And the wreck of a ruined career,
I slipped from my cloak my last ideal,
Hidden from all eyes until then,
Like the cherished jawbone of an ass,
And smote the bank and the water works,
And the businessmen with prohibition,
And made Spoon River pay the cost
Of the fights that I had lost?

Judge Somers

How does it happen, tell me,
That I who was most erudite of lawyers,
Who knew Blackstone and Coke
Almost by heart, who made the greatest
    speech
The court-house ever heard, and wrote
A brief that won the praise of Justice
    Breese —
How does it happen, tell me,
That I lie here unmarked, forgotten,
While Chase Henry, the town drunkard,
Has a marble block, topped by an urn,
Wherein Nature, in a mood ironical,
Has sown a flowering weed?

Kinsey Keene

Your attention, Thomas Rhodes, president of
    the bank;
Coolbaugh Whedon, editor of the *Argus*;
Rev. Peet, pastor of the leading church;
A. D. Blood, several times Mayor of Spoon
    River;
And finally all of you, members of the Social
    Purity Club —
Your attention to Cambronne's dying words,
Standing with the heroic remnant
Of Napoleon's guard on Mount Saint Jean
At the battle field of Waterloo,
When Maitland, the Englishman, called to them:
"Surrender, brave Frenchmen!" —
There at close of day with the battle
    hopelessly lost,

And hordes of men no longer the army
Of the great Napoleon
Streamed from the field like ragged strips
Of thunder clouds in the storm.
Well, what Cambronne said to Maitland
Ere the English fire made smooth the brow of
    the hill
Against the sinking light of day
Say I to you, and all of you,
And to you, O world.
And I charge you to carve it
Upon my stone.

Benjamin Pantier

Together in this grave lie Benjamin Pantier,
    attorney at law,
And Nig, his dog, constant companion, solace
    and friend.
Down the gray road, friends, children, men
    and women,
Passing one by one out of life, left me till I was
    alone
With Nig for partner, bed-fellow, comrade in
    drink.
In the morning of life I knew aspiration and
    saw glory.
Then she, who survives me, snared my soul
With a snare which bled me to death,
Till I, once strong of will, lay broken, indifferent,
Living with Nig in a room back of a dingy office.
Under my Jaw-bone is snuggled the bony nose
    of Nig —
Our story is lost in silence. Go by, mad world!

Mrs. Benjamin Pantier

I know that he told that I snared his soul
With a snare which bled him to death.
And all the men loved him,
And most of the women pitied him.
But suppose you are really a lady, and have
    delicate tastes,
And loathe the smell of whiskey and onions.
And the rhythm of Wordsworth's "Ode" runs in
    your ears,
While he goes about from morning till night
Repeating bits of that common thing;
"Oh, why should the spirit of mortal be proud?"
And then, suppose:
You are a woman well endowed,
And the only man with whom the law and
    morality
Permit you to have the marital relation
Is the very man that fills you with disgust
Every time you think of it — while you think of it
Every time you see him?
That's why I drove him away from home
To live with his dog in a dingy room
Back of his office.

Reuben Pantier

Well, Emily Sparks, your prayers were not
    wasted,
Your love was not all in vain.
I owe whatever I was in life
To your hope that would not give me up,
To your love that saw me still as good.
Dear Emily Sparks, let me tell you the story.

I pass the effect of my father and mother;
The milliner's daughter made me trouble
And out I went in the world,
Where I passed through every peril known
Of wine and women and joy of life.
One night, in a room in the Rue de Rivoli,
I was drinking wine with a black-eyed cocotte,
And the tears swam into my eyes.
She thought they were amorous tears and
    smiled
For thought of her conquest over me.
But my soul was three thousand miles away,
In the days when you taught me in Spoon
    River.
And just because you no more could love me,
Nor pray for me, nor write me letters,
The eternal silence of you spoke instead.
And the black-eyed cocotte took the tears for
    hers,
As well as the deceiving kisses I gave her.
Somehow, from that hour, I had a new vision—
Dear Emily Sparks!

Emily Sparks

Where is my boy, my boy—
In what far part of the world?
The boy I loved best of all in the school?—
I, the teacher, the old maid, the virgin heart,
Who made them all my children.
Did I know my boy aright,
Thinking of him as a spirit aflame,
Active, ever aspiring?
Oh, boy, boy, for whom I prayed and prayed

In many a watchful hour at night,
Do you remember the letter I wrote you
Of the beautiful love of Christ?
And whether you ever took it or not,
My boy, wherever you are,
Work for your soul's sake,
That all the clay of you, all of the dross of you,
May yield to the fire of you,
Till the fire is nothing but light!...
Nothing but light!

Trainor, the Druggist

Only the chemist can tell, and not always the
    chemist,
What will result from compounding
Fluids or solids.
And who can tell
How men and women will interact
On each other, or what children will result?
There were Benjamin Pantier and his wife,
Good in themselves, but evil toward each
    other:
He oxygen, she hydrogen,
Their son, a devastating fire.
I Trainor, the druggist, a mixer of chemicals,
Killed while making an experiment,
Lived unwedded.

Daisy Fraser

Did you ever hear of Editor Whedon
Giving to the public treasury any of the money
    he received
For supporting candidates for office?

Or for writing up the canning factory
To get people to invest?
Or for suppressing the facts about the bank,
When it was rotten and ready to break?
Did you ever hear of the Circuit Judge
Helping anyone except the "Q" railroad,
Or the bankers? Or did Rev. Peet or Rev.
    Sibley
Give any part of their salary, earned by
    keeping still,
Or speaking out as the leaders wished them
    to do,
To the building of the water works?
But I, Daisy Fraser who always passed
Along the street through rows of nods and
    smiles,
And caughs and words such as "there she goes,"
Never was taken before Justice Arnett
Without contributing ten dollars and costs
To the school fund of Spoon River!

Benjamin Fraser

Their spirits beat upon mine
Like the wings of a thousand butterflies.
I closed my eyes and felt their spirits
    vibrating.
I closed my eyes, yet I knew when their lashes
Fringed their cheeks from downcast eyes,
And when they turned their heads;
And when their garments clung to them,
Or fell from them, in exquisite draperies.
Their spirits watched my ecstasy
With wide looks of starry unconcern.

Their spirits looked upon my torture;
They drank it as it were the water of life;
With reddened cheeks, brightened eyes,
The rising flame of my soul made their spirits
    gilt,
Like the wings of a butterfly drifting suddenly
    into sunlight.
And they cried to me for life, life, life.
But in taking life for myself,
In seizing and crushing their souls,
As a child crushes grapes and drinks
From its palms the purple juice,
I came to this wingless void,
Where neither red, nor gold, nor wine,
Nor the rhythm of life are known.

Minerva Jones

I am Minerva, the village poetess,
Hooted at, jeered at by the Yahoos of the street
For my heavy body, cock-eye, and rolling walk,
And all the more when "Butch" Weldy
Captured me after a brutal hunt.
He left me to my fate with Doctor Meyers;
And I sank into death, growing numb from the
    feet up,
Like one stepping deeper and deeper into a
    stream of ice.
Will someone go to the village newspaper,
And gather into a book the verses I wrote? —
I thirsted so for love!
I hungered so for life!

"Indignation" Jones

You would not believe, would you,
That I came from good Welsh stock?
That I was purer blooded than the white trash
    here?
And of more direct lineage than the New
    Englanders
And Virginians of Spoon River?
You would not believe that I had been to
    school
And read some books.
You saw me only as a run-down man,
With matted hair and beard
And ragged clothes.
Sometimes a man's life turns into a cancer
From being bruised and continually bruised,
And swells into a purplish mass,
Like growths on stalks of corn.
Here was I, a carpenter, mired in a bog of life
Into which I walked, thinking it was a meadow,
With a slattern for a wife, and poor Minerva,
    my daughter,
Whom you tormented and drove to death.
So I crept, crept, like a snail through the days
Of my life.
No more you hear my footsteps in the
    morning,
Resounding on the hollow sidewalk
Going to the grocery store for a little corn
    meal
And a nickel's worth of bacon.

Doctor Meyers

No other man, unless it was Doc Hill,
Did more for people in this town than I.
And all the weak, the halt, the improvident
And those who could not pay flocked to me.
I was good-hearted, easy Doctor Meyers.
I was healthy, happy, in comfortable fortune,
Blest with a congenial mate, my children
    raised,
All wedded, doing well in the world.
And then one night, Minerva, the poetess,
Came to me in her trouble, crying.
I tried to help her out — she died —
They indicted me, the newspapers disgraced
    me,
My wife perished of a broken heart.
And pneumonia finished me.

Mrs. Meyers

He protested all his life long
The newspapers lied about him villainously;
That he was not at fault for Minerva's fall,
But only tried to help her.
Poor soul so sunk in sin he could not see
That even trying to help her, as he called it,
He had broken the law human and divine.
Passers-by, an ancient admonition to you:
If your ways would be ways of pleasantness,
And all your pathways peace,
Love God and keep his commandments.

"Butch" Weldy

After I got religion and steadied down
They gave me a job in the canning works,
And every morning I had to fill
The tank in the yard with gasoline,
That fed the blow-fires in the sheds
To heat the soldering irons.
And I mounted a rickety ladder to do it,
Carrying buckets full of the stuff.
One morning, as I stood there pouring,
The air grew still and seemed to heave,
And I shot up as the tank exploded,
And down I came with both legs broken,
And my eyes burned crisp as a couple of eggs.
For someone left a blow-fire going,
And something sucked the flame in the tank.
The Circuit Judge said whoever did it
Was a fellow-servant of mine, and so
Old Rhodes' son didn't have to pay me.
And I sat on the witness stand as blind
As Jack the Fiddler, saying over and over,
"I didn't know him at all."

Knowlt Hoheimer

I was the first fruits of the battle of Missionary
    Ridge.
When I felt the bullet enter my heart
I wished I had stayed at home and gone to jail
For stealing the hogs of Curl Trenary,
Instead of running away and joining the army.
Rather a thousand times the county jail
Than to lie under this marble figure with
    wings,

And this granite pedestal
Bearing the words, *"Pro Patria."*
What do they mean, anyway?

Lydia Puckett

Knowlt Hoheimer ran away to the war
The day before Curl Trenary
Swore out a warrant through Justice Arnett
For stealing hogs.
But that's not the reason he turned a soldier.
He caught me running with Lucius Atherton.
We quarreled and I told him never again
To cross my path.
Then he stole the hogs and went to the war—
Back of every soldier is a woman.

Frank Drummer

Out of a cell into this darkened space—
The end at twenty-five!
My tongue could not speak what stirred
    within me,
And the village thought me a fool.
Yet at the start there was a clear vision,
A high and urgent purpose in my soul
Which drove me on trying to memorize
The Encyclopedia Britannica!

Hare Drummer

Do the boys and girls still go to Siever's
For cider, after school, in late September?
Or gather hazel nuts among the thickets
On Aaron Hatfield's farm when the frosts begin?
For many times with the laughing girls and boys
Played I along the road and over the hills
When the sun was low and the air was cool,
Stopping to club the walnut tree
Standing leafless against a flaming west.
Now, the smell of the autumn smoke,
And the dropping acorns,
And the echoes about the vales
Bring dreams of life. They hover over me.
They question me:
Where are those laughing comrades?
How many are with me, how many
In the old orchards along the way to Siever's,
And in the woods that overlook
The quiet water?

Conrad Siever

Not in that wasted garden
Where bodies are drawn into grass
That feeds no flocks, and into evergreens
That bear no fruit—
There where along the shaded walks
Vain sighs are heard,
And vainer dreams are dreamed
Of close communion with departed souls—
But here under the apple tree
I loved and watched and pruned
With gnarled hands
In the long, long years;
Here under the roots of this northern-spy
To move in the chemic change and circle of life,
Into the soil and into the flesh of the tree,
And into the living epitaphs
Of redder apples!

Doc Hill

I went up and down the streets
Here and there by day and night,
Through all hours of the night caring for the
    poor who were sick.
Do you know why?
My wife hated me, my son went to the dogs.
And I turned to the people and poured out my
    love to them.
Sweet it was to see the crowds about the lawns
    on the day of my funeral,
And hear them murmur their love and sorrow.
But oh, dear God, my soul trembled, scarcely able
To hold to the railing of the new life,
When I saw Em Stanton behind the oak tree
At the grave,
Hiding herself, and her grief!

Andy the Night-Watch

In my Spanish cloak,
And old slouch hat,
And overshoes of felt,
And Tyke, my faithful dog,
And my knotted hickory cane,
I slipped about with a bull's-eye lantern
From door to door on the square,
As the midnight stars wheeled round,
And the bell in the steeple murmured
From the blowing of the wind;
And the weary steps of old Doc Hill
Sounded like one who walks in sleep,
And a far-off rooster crew.

And now another is watching Spoon River
As others watched before me.
And here we lie, Doc Hill and I,
Where none breaks through and steals,
And no eye needs to guard.

Sarah Brown

Maurice, weep not, I am not here under this
    pine tree.
The balmy air of spring whispers through the
    sweet grass,
The stars sparkle, the whippoorwill calls,
But thou grievest, while my soul lies rapturous
In the blest Nirvana of eternal light!
Go to the good heart that is my husband,
Who broods upon what he calls our guilty love:
Tell him that my love for you, no less than my
    love for him,
Wrought out my destiny—that through the flesh
I won spirit, and through spirit, peace.
There is no marriage in heaven,
But there is love.

Percy Bysshe Shelley

My father who owned the wagon-shop
And grew rich shoeing horses
Sent me to the University of Montreal.
I learned nothing and returned home,
Roaming the fields with Bert Kessler,
Hunting quail and snipe.
At Thompson's Lake the trigger of my gun
Caught in the side of the boat
And a great hole was shot through my heart.

Over me a fond father erected this marble shaft,
On which stands the figure of a woman
Carved by an Italian artist.
They say the ashes of my namesake
Were scattered near the pyramid of Caius Cestius
Somewhere near Rome.

Flossie Cabanis

From Bindle's opera house in the village
To Broadway is a great step.
But I tried to take it, my ambition fired
When sixteen years of age,
Seeing *East Lynne*, played here in the village
By Ralph Barrett, the coming
Romantic actor, who enthralled my soul.
True, I trailed back home, a broken failure,
When Ralph disappeared in New York,
Leaving me alone in the city—
But life broke him also.
In all this place of silence
There are no kindred spirits.
How I wish Duse could stand amid the pathos
Of these quiet fields
And read these words.

Julia Miller

We quarreled that morning,
For he was sixty-five, and I was thirty,
And I was nervous and heavy with the child
Whose birth I dreaded.
I thought over the last letter written me
By that estranged young soul
Whose betrayal of me I had concealed

By marrying the old man.
Then I took morphine and sat down to read.
Across the blackness that came over my eyes
I see the flickering light of these words even
    now:
"And Jesus said unto him, Verily
I say unto thee, To-day thou shalt
Be with me in paradise."

Johnnie Sayre

Father, thou canst never know
The anguish that smote my heart
For my disobedience, the moment I felt
The remorseless wheel of the engine
Sink into the crying flesh of my leg.
As they carried me to the home of widow
    Morris
I could see the school-house in the valley
To which I played truant to steal rides upon
    the trains.
I prayed to live until I could ask your
    forgiveness—
And then your tears, your broken words of
    comfort!
From the solace of that hour I have gained
    infinite happiness.
Thou wert wise to chisel for me:
"Taken from the evil to come."

Charlie French

Did you ever find out
Which one of the O'Brien boys it was
Who snapped the toy pistol against my hand?

There when the flags were red and white
In the breeze and "Bucky" Estil
Was firing the cannon brought to Spoon
    River
From Vicksburg by Captain Harris;
And the lemonade stands were running
And the band was playing,
To have it all spoiled
By a piece of a cap shot under the skin of my
    hand,
And the boys all crowding about me saying:
"You'll die of lock-jaw, Charlie, sure."
Oh, dear! oh, dear!
What chum of mine could have done it?

Zenas Witt

I was sixteen, and I had the most terrible dreams,
And specks before my eyes, and nervous
    weakness.
And I couldn't remember the books I read,
Like Frank Drummer who memorized page
    after page.
And my back was weak, and I worried and
    worried,
And I was embarrassed and stammered my
    lessons,
And when I stood up to recite I'd forget
Everything that I had studied.
Well, I saw Dr. Weese's advertisement,
And there I read everything in print,
Just as if he had known me;
And about the dreams which I couldn't help.
So I know I was marked for an early grave.

And I worried until I had a cough,
And then the dreams stopped.
And then I slept the sleep without dreams
Here on the hill by the river.

Theodore the Poet

As a boy, Theodore, you sat for long hours
On the shore of the turbid Spoon
With deep-set eye staring at the door of the
    craw-fish's burrow,
Waiting for him to appear, pushing ahead,
First his waving antennae, like straws of hay,
And soon his body, colored like soap-stone,
Gemmed with eyes of jet.
And you wondered in a trance of thought
What he knew, what he desired, and why he
    lived at all.
But later your vision watched for men and
    women
Hiding in burrows of fate amid great cities,
Looking for the souls of them to come out,
So that you could see
How they lived, and for what,
And why they kept crawling so busily
Along the sandy way where water fails
As the summer wanes.

The Town Marshal

The: Prohibitionists made me Town Marshal
When the saloons were voted out,
Because when I was a drinking man,
Before I joined the church, I killed a Swede
At the saw-mill near Maple Grove.

And they wanted a terrible man,
Grim, righteous, strong, courageous,
And a hater of saloons and drinkers,
To keep law and order in the village.
And they presented me with a loaded cane
With which I struck Jack McGuire
Before he drew the gun with which he killed me.
The Prohibitionists spent their money in vain
To hang him, for in a dream
I appeared to one of the twelve jurymen
And told him the whole secret story.
Fourteen years were enough for killing me.

Jack McGuire

They would have lynched me
Had I not been secretly hurried away
To the jail at Peoria.
And yet I was going peacefully home,
Carrying my jug, a little drunk,
When Logan, the marshal, halted me,
Called me a drunken hound and shook me,
And, when I cursed him for it, struck me
With that Prohibition loaded cane—
All this before I shot him.
They would have hanged me except for this:
My lawyer, Kinsey Keene, was helping to land
Old Thomas Rhodes for wrecking the bank,
And the judge was a friend of Rhodes
And wanted him to escape,
And Kinsey offered to quit on Rhodes
For fourteen years for me.
And the bargain was made. I served my time
And learned to read and write.

Dorcas Gustine

I was not beloved of the villagers,
But all because I spoke my mind,
And met those who transgressed against me
With plain remonstrance, hiding nor nurturing
Nor secret griefs nor grudges.
That act of the Spartan boy is greatly praised,
Who hid the wolf under his cloak,
Letting it devour him, uncomplainingly.
It is braver, I think, to snatch the wolf forth
And fight him openly, even in the street,
Amid dust and howls of pain.
The tongue may be an unruly member—
But silence poisons the soul.
Berate me who will—I am content.

Nicholas Bindle

Were you not ashamed, fellow citizens,
When my estate was probated and everyone
    knew
How small a fortune I left?—
You who hounded me in life,
To give, give, give to the churches, to the poor,
To the village!—me who had already given
    much.
And think you not I did not know
That the pipe-organ, which I gave to the
    church,
Played its christening songs when Deacon
    Rhodes,
Who broke and all but ruined me,
Worshipped for the first time after his
    acquittal?

Jacob Goodpasture

When Fort Sumter fell and the war came
I cried out in bitterness of soul:
"O glorious republic now no more!"
When they buried my soldier son
To the call of trumpets and the sound of drums
My heart broke beneath the weight
Of eighty years, and I cried:
"Oh, son who died in a cause unjust!
In the strife of Freedom slain!"
And I crept here under the grass.
And now from the battlements of time, behold:
Thrice thirty million souls being bound
    together
In the love of larger truth,
Rapt in the expectation of the birth
Of a new Beauty,
Sprung from Brotherhood and Wisdom.
I with eyes of spirit see the Transfiguration
Before you see it.
But ye infinite brood of golden eagles nesting
    ever higher,
Wheeling ever higher, the sun-light wooing
Of lofty places of Thought,
Forgive the blindness of the departed owl.

Harold Arnett

I leaned against the mantel, sick, sick,
Thinking of my failure, looking into the
    abysm,
Weak from the noon-day heat.
A church bell sounded mournfully far away,
I heard the cry of a baby,
And the coughing of John Yarnell,
Bed-ridden, feverish, feverish, dying,
Then the violent voice of my wife:
"Watch out, the potatoes are burning!"
I smelled them... then there was irresistible
    disgust.
I pulled the trigger... blackness... light...
Unspeakable regret... fumbling for the world again.
Too late! Thus I came here,
With lungs for breathing... one cannot
    breathe here with lungs,
Though one must breathe... Of what use is it
To rid one's self of the world,
When no soul may ever escape the eternal
    destiny of life?

Margaret Fuller Slack

I would have been as great as George Eliot
But for an untoward fate.
For look at the photograph of me made by
    Penniwit,
Chin resting on hand, and deep-set eyes—
Gray, too, and far-searching.
But there was the old, old problem:
Should it be celibacy, matrimony or
    unchastity?
Then John Slack, the rich druggist, wooed me,
Luring me with the promise of leisure for my
    novel,
And I married him, giving birth to eight
    children,
And had no time to write.
It was all over with me, anyway,

When I ran the needle in my hand
While washing the baby's things,
And died from lock-jaw, an ironical death.
Hear me, ambitious souls,
Sex is the curse of life.

George Trimble

Do you remember when I stood on the steps
Of the court-house and talked free-silver,
And the single-tax of Henry George?
Then do you remember that, when the
    Peerless Leader
Lost the first battle, I began to talk
    prohibition,
And became active in the church?
That was due to my wife,
Who pictured to me my destruction
If I did not prove my morality to the people.
Well, she ruined me:
For the radicals grew suspicious of me,
And the conservatives were never sure of me —
And here I lie, unwept of all.

Dr. Siegfried Iseman

I said when they handed me my diploma,
I said to myself I will be good
And wise and brave and helpful to others;
I said I will carry the Christian creed
Into the practice of medicine!
Somehow the world and the other doctors
Know what's in your heart as soon as you
    make
This high-souled resolution.

And the way of it is they starve you out.
And no one comes to you but the poor.
And you find too late that being a doctor
Is just a way of making a living.
And when you are poor and have to carry
The Christian creed and wife and children
All on your back, it is too much!
That's why I made the Elixir of Youth,
Which landed me in the jail at Peoria
Branded a swindler and a crook
By the upright Federal Judge!

"Ace" Shaw

I never saw any difference
Between playing cards for money
And selling real estate,
Practicing law, banking, or anything else.
For everything is chance.
Nevertheless,
Seest thou a man diligent in business?
He shall stand before Kings!

Lois Spears

Here lies the body of Lois Spears,
Born Lois Fluke, daughter of Willard Fluke,
Wife of Cyrus Spears,
Mother of Myrtle and Virgil Spears,
Children with clear eyes and sound limbs —
(I was born blind)
I was the happiest of women
As wife, mother and housekeeper,
Caring for my loved ones,
And making my home

A place of order and bounteous hospitality:
For I went about the rooms,
And about the garden
With an instinct as sure as sight,
As though there were eyes in my finger tips —
Glory to God in the highest.

Justice Arnett

It is true, fellow citizens,
That my old docket lying there for years
On a shelf above my head and over
The seat of justice, I say it is true
That docket had an iron rim
Which gashed my baldness when it fell —
(Somehow I think it was shaken loose
By the heave of the air all over town
When the gasoline tank at the canning works
Blew up and burned Butch Weldy) —
But let us argue points in order,
And reason the whole case carefully:
First I concede my head was cut,
But second the frightful thing was this:
The leaves of the docket shot and showered
Around me like a deck of cards
In the hands of a sleight of hand performer.
And up to the end I saw those leaves
Till I said at last, "Those are not leaves,
Why, can't you see they are days and days
And the days and days of seventy years?
And why do you torture me with leaves
And the little entries on them?"

Willard Fluke

My wife lost her health,
And dwindled until she weighed scarce ninety
    pounds.
Then that woman, whom the men
Styled Cleopatra, came along.
And we — we married ones —
All broke our vows, myself among the rest.
Years passed and one by one
Death claimed them all in some hideous form,
And I was borne along by dreams
Of God's particular grace for me,
And I began to write, write, write, reams on reams
Of the second coming of Christ.
Then Christ came to me and said,
"Go into the church and stand before the
    congregation
And confess your sin."
But just as I stood up and began to speak
I saw my little girl, who was sitting in the front
    seat —
My little girl who was born blind!
After that, all is blackness!

Aner Clute

Over and over they used to ask me,
While buying the wine or the beer,
In Peoria first, and later in Chicago,
Denver, Frisco, New York, wherever I lived,
How I happened to lead the life,
And what was the start of it.
Well, I told them a silk dress,
And a promise of marriage from a rich man —

(It was Lucius Atherton).
But that was not really it at all.
Suppose a boy steals an apple
From the tray at the grocery store,
And they all begin to call him a thief,
The editor, minister, judge, and all the people —
"A thief," "a thief," "a thief," wherever he goes.
And he can't get work, and he can't get bread
Without stealing it, why the boy will steal.
It's the way the people regard the theft of
    the apple
That makes the boy what he is.

Lucius Atherton

When my moustache curled,
And my hair was black,
And I wore tight trousers
And a diamond stud,
I was an excellent knave of hearts and took
    many a trick.
But when the gray hairs began to appear —
Lo! a new generation of girls
Laughed at me, not fearing me,
And I had no more exciting adventures
Wherein I was all but shot for a heartless devil,
But only drabby affairs, warmed-over affairs
Of other days and other men.
And time went on until I lived at Mayer's
    restaurant,
Partaking of short-orders, a gray, untidy,
Toothless, discarded, rural Don Juan…
There is a mighty shade here who sings
Of one named Beatrice;

And I see now that the force that made him
    great
Drove me to the dregs of life.

Homer Clapp

Often Aner Clute at the gate
Refused me the parting kiss,
Saying we should be engaged before that;
And just with a distant clasp of the hand
She bade me good-night, as I brought her home
From the skating rink or the revival.
No sooner did my departing footsteps die away
Than Lucius Atherton,
(So I learned when Aner went to Peoria)
Stole in at her window, or took her riding
Behind his spanking team of bays
Into the country.
The shock of it made me settle down,
And I put all the money I got from my father's
    estate
Into the canning factory, to get the job
Of head accountant, and lost it all.
And then I knew I was one of Life's fools,
Whom only death would treat as the equal
Of other men, making me feel like a man.

Deacon Taylor

I belonged to the church,
And to the party of prohibition;
And the villagers thought I died of eating
    watermelon.
In truth I had cirrhosis of the liver,
For every noon for thirty years,

I slipped behind the prescription partition
In Trainor's drug store
And poured a generous drink
From the bottle marked
"Spiritus frumenti."

Sam Hookey

I ran away from home with the circus,
Having fallen in love with Mademoiselle
   Estralada,
The lion tamer.
One time, having starved the lions
For more than a day,
I entered the cage and began to beat Brutus
And Leo and Gypsy.
Whereupon Brutus sprang upon me,
And killed me.
On entering these regions
I met a shadow who cursed me,
And said it served me right...
It was Robespierre!

Cooney Potter

I inherited forty acres from my Father
And, by working my wife, my two sons and two
   daughters
From dawn to dusk, I acquired
A thousand acres. But not content,
Wishing to own two thousand acres,
I bustled through the years with axe and plow,
Toiling, denying myself, my wife, my sons, my
   daughters.
Squire Higbee wrongs me to say
That I died from smoking Red Eagle cigars.
Eating hot pie and gulping coffee
During the scorching hours of harvest time
Brought me here ere I had reached my sixtieth
   year.

Fiddler Jones

The earth keeps some vibration going
There in your heart, and that is you.
And if the people find you can fiddle,
Why, fiddle you must, for all your life.
What do you see, a harvest of clover?
Or a meadow to walk through to the river?
The wind's in the corn; you rub your hands
For beeves hereafter ready for market;
Or else you hear the rustle of skirts
Like the girls when dancing at Little Grove.
To Cooney Potter a pillar of dust
Or whirling leaves meant ruinous drouth;
They looked to me like Red-Head Sammy
Stepping it off, to "Toor-a-Loor."
How could I till my forty acres
Not to speak of getting more,
With a medley of horns, bassoons and piccolos
Stirred in my brain by crows and robins
And the creak of a wind-mill — only these?
And I never started to plow in my life
That some one did not stop in the road
And take me away to a dance or picnic.
I ended up with forty acres;
I ended up with a broken fiddle —
And a broken laugh, and a thousand memories,
And not a single regret.

Nellie Clark

I was only eight years old;
And before I grew up and knew what it meant
I had no words for it, except
That I was frightened and told my mother;
And that my father got a pistol
And would have killed Charlie, who was a
    big boy,
Fifteen years old, except for his mother.
Nevertheless the story clung to me.
But the man who married me, a widower of
    thirty-five,
Was a newcomer and never heard it
'Till two years after we were married.
Then he considered himself cheated,
And the village agreed that I was not really a
    virgin.
Well, he deserted me, and I died
The following winter.

Louise Smith

Herbert broke our engagement of eight years
When Annabelle returned to the village
From the Seminary. Ah me!
If I had let my love for him alone
It might have grown into a beautiful sorrow—
Who knows?—filling my life with healing
    fragrance.
But I tortured it, I poisoned it,
I blinded its eyes, and it became hatred—
Deadly ivy instead of clematis.
And my soul fell from its support,
Its tendrils tangled in decay.

Do not let the will play gardener to your soul
Unless you are sure
It is wiser than your soul's nature.

Herbert Marshall

All your sorrow, Louise, and hatred of me
Sprang from your delusion that it was
    wantonness
Of spirit and contempt of your soul's rights
Which made me turn to Annabelle and
    forsake you.
You really grew to hate me for love of me,
Because I was your soul's happiness,
Formed and tempered
To solve your life for you, and would not.
But you were my misery. If you had been
My happiness would I not have clung to you?
This is life's sorrow:
That one can be happy only where two are;
And that our hearts are drawn to stars
Which want us not.

George Gray

I have studied many times
The marble which was chiseled for me—
A boat with a furled sail at rest in a harbor.
In truth it pictures not my destination
But my life.
For love was offered me and I shrank from its
    disillusionment;
Sorrow knocked at my door, but I was afraid;
Ambition called to me, but I dreaded the
    chances.

Yet all the while I hungered for meaning in
    my life.
And now I know that we must lift the sail
And catch the winds of destiny
Wherever they drive the boat.
To put meaning in one's life may end in
    madness,
But life without meaning is the torture
Of restlessness and vague desire —
It is a boat longing for the sea and yet afraid.

Hon. Henry Bennett

It never came into my mind
Until I was ready to die
That Jenny had loved me to death, with malice
    of heart.
For I was seventy, she was thirty-five,
And I wore myself to a shadow trying to
    husband
Jenny, rosy Jenny full of the ardor of life.
For all my wisdom and grace of mind
Gave her no delight at all, in very truth,
But ever and anon she spoke of the giant
    strength
Of Willard Shafer, and of his wonderful feat
Of lifting a traction engine out of the ditch
One time at Georgie Kirby's.
So Jenny inherited my fortune and married
    Willard —
That mount of brawn! That clownish soul!

Griffy the Cooper

The cooper should know about tubs.
But I learned about life as well,
And you who loiter around these graves
Think you know life.
You think your eye sweeps about a wide
    horizon, perhaps,
In truth you are only looking around the
    interior of your tub.
You cannot lift yourself to its rim
And see the outer world of things,
And at the same time see yourself.
You are submerged in the tub of yourself —
Taboos and rules and appearances,
Are the staves of your tub.
Break them and dispel the witchcraft
Of thinking your tub is life!
And that you know life!

Sersmith the Dentist

Do you think that odes and sermons,
And the ringing of church bells,
And the blood of old men and young men,
Martyred for the truth they saw
With eyes made bright by faith in God,
Accomplished the world's great reformations?
Do you think that the "Battle Hymn of the Republic"
Would have been heard if the chattel slave
Had crowned the dominant dollar,
In spite of Whitney's cotton gin,
And steam and rolling mills and iron
And telegraphs and white free labor?
Do you think that Daisy Fraser

Had been put out and driven out
If the canning works had never needed
Her little house and lot?
Or do you think the poker room
Of Johnnie Taylor, and Burchard's bar
Had been closed up if the money lost
And spent for beer had not been turned,
By closing them, to Thomas Rhodes
For larger sales of shoes and blankets,
And children's cloaks and gold-oak cradles?
Why, a moral truth is a hollow tooth
Which must be propped with gold.

A. D. Blood

If you in the village think that my work was a
    good one,
Who closed the saloons and stopped all playing
    at cards,
And haled old Daisy Fraser before Justice Arnett,
In many a crusade to purge the people of sin;
Why do you let the milliner's daughter Dora,
And the worthless son of Benjamin Pantier
Nightly make my grave their unholy pillow?

Robert Southey Burke

I spent my money trying to elect you Mayor
A. D. Blood.
I lavished my admiration upon you,
You were to my mind the almost perfect man.
You devoured my personality,
And the idealism of my youth,
And the strength of a high-souled fealty.
And all my hopes for the world,

And all my beliefs in Truth,
Were smelted up in the blinding heat
Of my devotion to you,
And molded into your image.
And then when I found what you were —
That your soul was small
And your words were false
As your blue-white porcelain teeth —
And your cuffs of celluloid —
I hated the love I had for you,
I hated myself, I hated you
For my wasted soul, and wasted youth.
And I say to all, beware of ideals,
Beware of giving your love away
To any man alive.

Dora Williams

When Reuben Pantier ran away and threw me
I went to Springfield. There I met a lush,
Whose father just deceased left him a fortune.
He married me when drunk. My life was
    wretched.
A year passed and one day they found him
    dead.
That made me rich. I moved on to Chicago.
After a time met Tyler Rountree, villain.
I moved on to New York. A gray-haired magnate
Went mad about me — so another fortune.
He died one night right in my arms, you know.
(I saw his purple face for years thereafter.)
There was almost a scandal. I moved on,
This time to Paris. I was now a woman,
Insidious, subtle, versed in the world and rich.

My sweet apartment near the Champs Élysées
Became a center for all sorts of people,
Musicians, poets, dandies, artists, nobles,
Where we spoke French and German, Italian,
    English.
I wed Count Navigato, native of Genoa.
We went to Rome. He poisoned me, I think.
Now in the Campo Santo overlooking
The sea where young Columbus dreamed new
    worlds,
See what they chiseled: "*Contessa Navigato*
Implora eterna quiete."

Mrs. Williams

I was the milliner,
Talked about, lied about,
Mother of Dora,
Whose strange disappearance
Was charged to her rearing.
My eye quick to beauty
Saw much beside ribbons
And buckles and feathers
And leghorns and felts,
To set off sweet faces,
And dark hair and gold.
One thing I will tell you
And one I will ask:
The stealers of husbands
Wear powder and trinkets,
And fashionable hats.
Wives, wear them yourselves.
Hats may make divorces —
They also prevent them.

Well now, let me ask you:
If all of the children, born here in Spoon River
Had been reared by the county, somewhere on
    a farm;
And the fathers and mothers had been given
    their freedom
To live and enjoy, change mates if they wished,
Do you think that Spoon River
Had been any the worse?

William and Emily

There is something about Death
Like love itself!
If with some one with whom you have known
    passion,
And the glow of youthful love,
You also, after years of life
Together, feel the sinking of the fire,
And thus fade away together,
Gradually, faintly, delicately,
As it were in each other's arms,
Passing from the familiar room —
That is a power of unison between souls
Like love itself!

The Circuit Judge

Take note, passers-by, of the sharp erosions
Eaten in my head-stone by the wind and rain —
Almost as if an intangible Nemesis or hatred
Were marking scores against me,
But to destroy, and not preserve, my memory.
I in life was the Circuit Judge, a maker of notches,
Deciding cases on the points the lawyers scored,

Not on the right of the matter.
O wind and rain, leave my head-stone alone!
For worse than the anger of the wronged,
The curses of the poor,
Was to lie speechless, yet with vision clear,
Seeing that even Hod Putt, the murderer,
Hanged by my sentence,
Was innocent in soul compared with me.

Blind Jack

I had fiddled all day at the county fair.
But driving home "Butch" Weldy and Jack
    McGuire,
Who were roaring full, made me fiddle and fiddle
To the song of "Susie Skinner", while whipping
    the horses
Till they ran away.
Blind as I was, I tried to get out
As the carriage fell in the ditch,
And was caught in the wheels and killed.
There's a blind man here with a brow
As big and white as a cloud.
And all we fiddlers, from highest to lowest,
Writers of music and tellers of stories,
Sit at his feet,
And hear him sing of the fall of Troy.

John Horace Burleson

I won the prize essay at school
Here in the village,
And published a novel before I was twenty-five.
I went to the city for themes and to enrich
    my art;

There married the banker's daughter,
And later became president of the bank—
Always looking forward to some leisure
To write an epic novel of the war.
Meanwhile friend of the great, and lover of
    letters,
And host to Matthew Arnold and to Emerson.
An after dinner speaker, writing essays
For local clubs. At last brought here—
My boyhood home, you know—
Not even a little tablet in Chicago
To keep my name alive.
How great it is to write the single line:
"Roll on, thou deep and dark blue Ocean, roll!"

Nancy Knapp

Well, don't you see this was the way of it:
We bought the farm with what he inherited,
And his brothers and sisters accused him of
    poisoning
His father's mind against the rest of them.
And we never had any peace with our treasure.
The murrain took the cattle, and the crops failed.
And lightning struck the granary.
So we mortgaged the farm to keep going.
And he grew silent and was worried all the time.
Then some of the neighbors refused to speak
    to us,
And took sides with his brothers and sisters.
And I had no place to turn, as one may say to
    himself,
At an earlier time in life; "No matter,
So and so is my friend, or I can shake this off

With a little trip to Decatur."
Then the dreadfulest smells infested the
   rooms.
So I set fire to the beds and the old witch-house
Went up in a roar of flame,
As I danced in the yard with waving arms,
While he wept like a freezing steer.

Barry Holden

The very fall my sister Nancy Knapp
Set fire to the house
They were trying Dr. Duval
For the murder of Zora Clemens,
And I sat in the court two weeks
Listening to every witness.
It was clear he had got her in a family way;
And to let the child be born
Would not do.
Well, how about me with eight children,
And one coming, and the farm
Mortgaged to Thomas Rhodes?
And when I got home that night,
(After listening to the story of the buggy ride,
And the finding of Zora in the ditch,)
The first thing I saw, right there by the steps,
Where the boys had hacked for angle worms,
Was the hatchet!
And just as I entered there was my wife,
Standing before me, big with child.
She started the talk of the mortgaged farm,
And I killed her.

State's Attorney Fallas

I, the scourge-wielder, balance-wrecker,
Smiter with whips and swords;
I, hater of the breakers of the law;
I, legalist, inexorable and bitter,
Driving the jury to hang the madman, Barry
   Holden,
Was made as one dead by light too bright for eyes,
And woke to face a Truth with bloody brow:
Steel forceps fumbled by a doctor's hand
Against my boy's head as he entered life
Made him an idiot.
I turned to books of science
To care for him.
That's how the world of those whose minds are sick
Became my work in life, and all my world.
Poor ruined boy! You were, at last, the potter
And I and all my deeds of charity
The vessels of your hand.

Wendell P. Bloyd

They first charged me with disorderly conduct,
There being no statute on blasphemy.
Later they locked me up as insane
Where I was beaten to death by a Catholic
   guard.
My offense was this:
I said God lied to Adam, and destined him
To lead the life of a fool,
Ignorant that there is evil in the world as well
   as good.
And when Adam outwitted God by eating the
   apple

And saw through the lie,
God drove him out of Eden to keep him from
   taking
The fruit of immortal life.
For Christ's sake, you sensible people,
Here's what God Himself says about it in the
   book of Genesis:
"And the Lord God said, behold the man
Is become as one of us" (a little envy, you see),
"To know good and evil" (the all-is-good lie
   exposed):
"And now lest he put forth his hand and take
Also of the tree of life and eat, and live forever:
Therefore the Lord God sent Him forth from
   the garden of Eden."
(The reason I believe God crucified His Own Son
To get out of the wretched tangle is, because
   it sounds just like Him.)

Francis Turner

I could not run or play
In boyhood.
In manhood I could only sip the cup,
Not drink—
For scarlet-fever left my heart diseased.
Yet I lie here
Soothed by a secret none but Mary knows:
There is a garden of acacia,
Catalpa trees, and arbors sweet with vines—
There on that afternoon in June
By Mary's side,
Kissing her with my soul upon my lips
It suddenly took flight.

Franklin Jones

If I could have lived another year
I could have finished my flying machine,
And become rich and famous.
Hence it is fitting the workman
Who tried to chisel a dove for me
Made it look more like a chicken.
For what is it all but being hatched,
And running about the yard,
To the day of the block?
Save that a man has an angel's brain,
And sees the ax from the first!

John M. Church

I was attorney for the "Q"
And the Indemnity Company which insured
The owners of the mine.
I pulled the wires with judge and jury,
And the upper courts, to beat the claims
Of the crippled, the widow and orphan,
And made a fortune thereat.
The bar association sang my praises
In a high-flown resolution.
And the floral tributes were many—
But the rats devoured my heart
And a snake made a nest in my skull!

Russian Sonia

I, born in Weimar
Of a mother who was French
And German father, a most learned professor,
Orphaned at fourteen years,
Became a dancer, known as Russian Sonia,

All up and down the boulevards of Paris,
Mistress betimes of sundry dukes and counts,
And later of poor artists and of poets.
At forty years, *passée*, I sought New York
And met old Patrick Hummer on the boat,
Red-faced and hale, though turned his
    sixtieth year,
Returning after having sold a ship-load
Of cattle in the German city, Hamburg.
He brought me to Spoon River and we lived here
For twenty years—they thought that we were
    married
This oak tree near me is the favorite haunt
Of blue jays chattering, chattering all the day.
And why not? for my very dust is laughing
For thinking of the humorous thing called life.

Isa Nutter

Doc Meyers said I had satyriasis,
And Doc Hill called it leucaemia—
But I know what brought me here:
I was sixty-four but strong as a man
Of thirty-five or forty.
And it wasn't writing a letter a day,
And it wasn't late hours seven nights a week,
And it wasn't the strain of thinking of Minnie,
And it wasn't fear or a jealous dread,
Or the endless task of trying to fathom
Her wonderful mind, or sympathy
For the wretched life she led
With her first and second husband—
It was none of these that laid me low—
But the clamor of daughters and threats of sons,
And the sneers and curses of all my kin
Right up to the day I sneaked to Peoria
And married Minnie in spite of them.
And why do you wonder my will was made
For the best and purest of women?

Barney Hainsfeather

If the excursion train to Peoria
Had just been wrecked, I might have escaped
    with my life—
Certainly I should have escaped this place.
But as it was burned as well, they mistook me
For John Allen who was sent to the Hebrew
    Cemetery
At Chicago,
And John for me, so I lie here.
It was bad enough to run a clothing store in
    this town,
But to be buried here—*ach!*

Petit, the Poet

Seeds in a dry pod, tick, tick, tick,
Tick, tick, tick, like mites in a quarrel—
Faint iambics that the full breeze wakens—
But the pine tree makes a symphony thereof.
Triolets, villanelles, rondels, rondeaus,
Ballades by the score with the same old thought:
The snows and the roses of yesterday are
    vanished;
And what is love but a rose that fades?
Life all around me here in the village:
Tragedy, comedy, valor and truth,
Courage, constancy, heroism, failure—

All in the loom, and oh what patterns!
Woodlands, meadows, streams and rivers—
Blind to all of it all my life long.
Triolets, villanelles, rondels, rondeaus,
Seeds in a dry pod, tick, tick, tick,
Tick, tick, tick, what little iambics,
While Homer and Whitman roared in the pines?

Pauline Barrett

Almost the shell of a woman after the surgeon's
   knife!
And almost a year to creep back into strength,
Till the dawn of our wedding decennial
Found me my seeming self again.
We walked the forest together,
By a path of soundless moss and turf.
But I could not look in your eyes,
And you could not look in my eyes,
For such sorrow was ours—the beginning of
   gray in your hair.
And I but a shell of myself.
And what did we talk of?—sky and water,
Anything, 'most, to hide our thoughts.
And then your gift of wild roses,
Set on the table to grace our dinner.
Poor heart, how bravely you struggled
To imagine and live a remembered rapture!
Then my spirit drooped as the night came on,
And you left me alone in my room for a while,
As you did when I was a bride, poor heart.
And I looked in the mirror and something said:
"One should be all dead when one is half-dead—
Nor ever mock life, nor ever cheat love."

And I did it looking there in the mirror—
Dear, have you ever understood?

Mrs. Charles Bliss

Reverend Wiley advised me not to divorce him
For the sake of the children,
And Judge Somers advised him the same.
So we stuck to the end of the path.
But two of the children thought he was right,
And two of the children thought I was right.
And the two who sided with him blamed me,
And the two who sided with me blamed him,
And they grieved for the one they sided with.
And all were torn with the guilt of judging,
And tortured in soul because they could not admire
Equally him and me.
Now every gardener knows that plants grown
   in cellars
Or under stones are twisted and yellow and weak.
And no mother would let her baby suck
Diseased milk from her breast.
Yet preachers and judges advise the raising
   of souls
Where there is no sunlight, but only twilight,
No warmth, but only dampness and cold—
Preachers and judges!

Mrs. George Reece

To this generation I would say:
Memorize some bit of verse of truth or beauty.
It may serve a turn in your life.
My husband had nothing to do
With the fall of the bank—he was only cashier.

The wreck was due to the president, Thomas
   Rhodes,
And his vain, unscrupulous son.
Yet my husband was sent to prison,
And I was left with the children,
To feed and clothe and school them.
And I did it, and sent them forth
Into the world all clean and strong,
And all through the wisdom of Pope, the poet:
"Act well your part, there all the honor lies."

Rev. Lemuel Wiley

I preached four thousand sermons,
I conducted forty revivals,
And baptized many converts.
Yet no deed of mine
Shines brighter in the memory of the world,
And none is treasured more by me:
Look how I saved the Blisses from divorce,
And kept the children free from that disgrace,
To grow up into moral men and women,
Happy themselves, a credit to the village.

Thomas Ross, Jr.

This I saw with my own eyes:
A cliff-swallow
Made her nest in a hole of the high clay-bank
There near Miller's Ford.
But no sooner were the young hatched
Than a snake crawled up to the nest
To devour the brood.
Then the mother swallow with swift flutterings
And shrill cries

Fought at the snake,
Blinding him with the beat of her wings,
Until he, wriggling and rearing his head,
Fell backward down the bank
Into Spoon River and was drowned.
Scarcely an hour passed
Until a shrike
Impaled the mother swallow on a thorn.
As for myself I overcame my lower nature
Only to be destroyed by my brother's ambition.

Rev. Abner Peet

I had no objection at all
To selling my household effects at auction
On the village square.
It gave my beloved flock the chance
To get something which had belonged to me
For a memorial.
But that trunk which was struck off
To Burchard, the grog-keeper!
Did you know it contained the manuscripts
Of a lifetime of sermons?
And he burned them as waste paper.

Jefferson Howard

My valiant fight! For I call it valiant,
With my father's beliefs from old Virginia:
Hating slavery, but no less war.
I, full of spirit, audacity, courage,
Thrown into life here in Spoon River,
With its dominant forces drawn from New England,
Republicans, Calvinists, merchants, bankers,
Hating me, yet fearing my arm.

With wife and children heavy to carry —
Yet fruits of my very zest of life.
Stealing odd pleasures that cost me prestige,
And reaping evils I had not sown;
Foe of the church with its charnel dankness,
Friend of the human touch of the tavern;
Tangled with fates all alien to me,
Deserted by hands I called my own.
Then just as I felt my giant strength
Short of breath, behold my children
Had wound their lives in stranger gardens —
And I stood alone, as I started alone!
My valiant life! I died on my feet,
Facing the silence — facing the prospect
That no one would know of the fight I made.

Judge Selah Lively

Suppose you stood just five feet two,
And had worked your way as a grocery clerk,
Studying law by candle light
Until you became an attorney at law?
And then suppose through your diligence,
And regular church attendance,
You became attorney for Thomas Rhodes,
Collecting notes and mortgages,
And representing all the widows
In the Probate Court? And through it all
They jeered at your size, and laughed at your
    clothes
And your polished boots? And then suppose
You became the County Judge?
And Jefferson Howard and Kinsey Keene,
And Harmon Whitney, and all the giants

Who had sneered at you, were forced to stand
Before the bar and say "Your Honor"
Well, don't you think it was natural
That I made it hard for them?

Albert Schirding

Jonas Keene thought his lot a hard one
Because his children were all failures.
But I know of a fate more trying than that:
It is to be a failure while your children are
    successes.
For I raised a brood of eagles
Who flew away at last, leaving me
A crow on the abandoned bough.
Then, with the ambition to prefix Honorable
    to my name,
And thus to win my children's admiration,
I ran for County Superintendent of Schools,
Spending my accumulations to win — and lost.
That fall my daughter received first prize in Paris
For her picture, entitled, "The Old Mill" —
(It was of the water mill before Henry Wilkin
    put in steam.)
The feeling that I was not worthy of her
    finished me.

Jonas Keene

Why did Albert Schirding kill himself
Trying to be County Superintendent of Schools,
Blest as he was with the means of life
And wonderful children, bringing him honor
Ere he was sixty?
If even one of my boys could have run a news-stand,

Or one of my girls could have married a
    decent man,
I should not have walked in the rain
And jumped into bed with clothes all wet,
Refusing medical aid.

Eugenia Todd

Have any of you, passers-by,
Had an old tooth that was an unceasing
    discomfort?
Or a pain in the side that never quite left you?
Or a malignant growth that grew with time?
So that even in profoundest slumber
There was shadowy consciousness or the
    phantom of thought
Of the tooth, the side, the growth?
Even so thwarted love, or defeated ambition,
Or a blunder in life which mixed your life
Hopelessly to the end,
Will, like a tooth, or a pain in the side,
Float through your dreams in the final sleep
Till perfect freedom from the earth-sphere
Comes to you as one who wakes
Healed and glad in the morning!

Yee Bow

They got me into the Sunday school
In Spoon River
And tried to get me to drop Confucius for Jesus.
I could have been no worse off
If I had tried to get them to drop Jesus for
    Confucius.
For, without any warning, as if it were a prank,

And sneaking up behind me, Harry Wiley,
The minister's son, caved my ribs into my lungs,
With a blow of his fist.
Now I shall never sleep with my ancestors in
    Pekin,
And no children shall worship at my grave.

Washington McNeely

Rich, honored by my fellow citizens,
The father of many children, born of a noble
    mother,
All raised there
In the great mansion-house, at the edge of
    town.
Note the cedar tree on the lawn!
I sent all the boys to Ann Arbor, all the girls to
    Rockford,
The while my life went on, getting more riches
    and honors —
Resting under my cedar tree at evening.
The years went on.
I sent the girls to Europe;
I dowered them when married.
I gave the boys money to start in business.
They were strong children, promising as apples
Before the bitten places show.
But John fled the country in disgrace.
Jenny died in child-birth —
I sat under my cedar tree.
Harry killed himself after a debauch,
Susan was divorced —
I sat under my cedar tree.
Paul was invalided from over-study,

Mary became a recluse at home for love of a man—
I sat under my cedar tree.
All were gone, or broken-winged or devoured
  by life—
I sat under my cedar tree.
My mate, the mother of them, was taken—
I sat under my cedar tree,
Till ninety years were tolled.
O maternal Earth, which rocks the fallen leaf
  to sleep.

Paul McNeely

Dear Jane! dear winsome Jane!
How you stole in the room (where I lay so ill)
In your nurse's cap and linen cuffs,
And took my hand and said with a smile:
"You are not so ill—you'll soon be well."
And how the liquid thought of your eyes
Sank in my eyes like dew that slips
Into the heart of a flower.
Dear Jane! the whole McNeely fortune
Could not have bought your care of me,
By day and night, and night and day;
Nor paid for your smile, nor the warmth of
  your soul,
In your little hands laid on my brow.
Jane, till the flame of life went out
In the dark above the disk of night
I longed and hoped to be well again
To pillow my head on your little breasts,
And hold you fast in a clasp of love—
Did my father provide for you when he died,
Jane, dear Jane?

Mary McNeely

Passer-by,
To love is to find your own soul
Through the soul of the beloved one.
When the beloved one withdraws itself from
  your soul
Then you have lost your soul.
It is written: "I have a friend,
But my sorrow has no friend."
Hence my long years of solitude at the home
  of my father,
Trying to get myself back,
And to turn my sorrow into a supremer self.
But there was my father with his sorrows,
Sitting under the cedar tree,
A picture that sank into my heart at last
Bringing infinite repose.
Oh, ye souls who have made life
Fragrant and white as tube roses
From earth's dark soil,
Eternal peace!

Daniel M'Cumber

When I went to the city, Mary McNeely,
I meant to return for you, yes I did.
But Laura, my landlady's daughter,
Stole into my life somehow, and won me away.
Then after some years whom should I meet
But Georgine Miner from Niles—a sprout
Of the free love, Fourierist gardens that
  flourished
Before the war all over Ohio.
Her dilettante lover had tired of her,

And she turned to me for strength and solace.
She was some kind of a crying thing
One takes in one's arms, and all at once
It slimes your face with its running nose,
And voids its essence all over you;
Then bites your hand and springs away.
And there you stand bleeding and smelling to
    heaven!
Why, Mary McNeely, I was not worthy
To kiss the hem of your robe!

Georgine Sand Miner

A step-mother drove me from home,
    embittering me.
A squaw-man, a flaneur and dilettante took
    my virtue.
For years I was his mistress—no one knew.
I learned from him the parasite cunning
With which I moved with the bluffs, like a flea
    on a dog.
All the time I was nothing but "very private,"
    with different men.
Then Daniel, the radical, had me for years.
His sister called me his mistress;
And Daniel wrote me: "Shameful word, soiling
    our beautiful love!"
But my anger coiled, preparing its fangs.
My Lesbian friend next took a hand.
She hated Daniel's sister.
And Daniel despised her midget husband.
And she saw a chance for a poisonous thrust:
I must complain to the wife of Daniel's pursuit!
But before I did that I begged him to fly to

London with me.
"Why not stay in the city just as we have?" he
    asked.
Then I turned submarine and revenged his
    repulse
In the arms of my dilettante friend. Then up to
    the surface,
Bearing the letter that Daniel wrote me,
To prove my honor was all intact, showing it to
    his wife,
My Lesbian friend and everyone.
If Daniel had only shot me dead!
Instead of stripping me naked of lies,
A harlot in body and soul!

Thomas Rhodes

Very well, you liberals,
And navigators into realms intellectual,
You sailors through heights imaginative,
Blown about by erratic currents, tumbling into
    air pockets,
You Margaret Fuller Slacks, Petits,
And Tennessee Claflin Shopes—
You found with all your boasted wisdom
How hard at the last it is
To keep the soul from splitting into cellular
    atoms.
While we, seekers of earth's treasures
Getters and hoarders of gold,
Are self-contained, compact, harmonized,
Even to the end.

Ida Chicken

After I had attended lectures
At our Chautauqua, and studied French
For twenty years, committing the grammar
Almost by heart,
I thought I'd take a trip to Paris
To give my culture a final polish.
So I went to Peoria for a passport—
(Thomas Rhodes was on the train that morning.)
And there the clerk of the district Court
Made me swear to support and defend
The constitution—yes, even me—
Who couldn't defend or support it at all!
And what do you think? That very morning
The Federal Judge, in the very next room
To the room where I took the oath,
Decided the constitution
Exempted Rhodes from paying taxes
For the water works of Spoon River!

Penniwit, the Artist

I lost my patronage in Spoon River
From trying to put my mind in the camera
To catch the soul of the person.
The very best picture I ever took
Was of Judge Somers, attorney at law.
He sat upright and had me pause
Till he got his cross-eye straight.
Then when he was ready he said "all right."
And I yelled "overruled" and his eye turned up.
And I caught him just as he used to look
When saying "I except."

Jim Brown

While I was handling Dom Pedro
I got at the thing that divides the race between
    men who are
For singing "Turkey in the straw" or "There is
    a fountain filled with blood"—
(Like Rile Potter used to sing it over at
    Concord);
For cards, or for Rev. Peet's lecture on the
    holy land;
For skipping the light fantastic, or passing the
    plate;
For *Pinafore*, or a Sunday school cantata;
For men, or for money;
For the people or against them.
This was it:
Rev. Peet and the Social Purity Club,
Headed by Ben Pantier's wife,
Went to the Village trustees,
And asked them to make me take Dom Pedro
From the barn of Wash McNeely, there at the
    edge of town,
To a barn outside of the corporation,
On the ground that it corrupted public morals.
Well, Ben Pantier and Fiddler Jones saved the day—
They thought it a slam on colts.

Robert Davidson

I grew spiritually fat living off the souls of men.
If I saw a soul that was strong
I wounded its pride and devoured its strength.
The shelters of friendship knew my cunning,
For where I could steal a friend I did so.

And wherever I could enlarge my power
By undermining ambition, I did so,
Thus to make smooth my own.
And to triumph over other souls,
Just to assert and prove my superior strength,
Was with me a delight,
The keen exhilaration of soul gymnastics.
Devouring souls, I should have lived forever.
But their undigested remains bred in me a
    deadly nephritis,
With fear, restlessness, sinking spirits,
Hatred, suspicion, vision disturbed.
I collapsed at last with a shriek.
Remember the acorn;
It does not devour other acorns.

Elsa Wertman

I was a peasant girl from Germany,
Blue-eyed, rosy, happy and strong.
And the first place I worked was at Thomas
    Greene's.
On a summer's day when she was away
He stole into the kitchen and took me
Right in his arms and kissed me on my throat,
I turning my head. Then neither of us
Seemed to know what happened.
And I cried for what would become of me.
And cried and cried as my secret began to show.
One day Mrs. Greene said she understood,
And would make no trouble for me,
And, being childless, would adopt it.
(He had given her a farm to be still.)
So she hid in the house and sent out rumors,

As if it were going to happen to her.
And all went well and the child was
    born—They were so kind to me.
Later I married Gus Wertman, and years passed.
But—at political rallies when sitters-by
    thought I was crying
At the eloquence of Hamilton Greene—
That was not it.
No! I wanted to say:
That's my son! That's my son.

Hamilton Greene

I was the only child of Frances Harris of
    Virginia
And Thomas Greene of Kentucky,
Of valiant and honorable blood both.
To them I owe all that I became,
Judge, member of Congress, leader in the State.
From my mother I inherited
Vivacity, fancy, language;
From my father will, judgment, logic.
All honor to them
For what service I was to the people!

Ernest Hyde

My mind was a mirror:
It saw what it saw, it knew what it knew.
In youth my mind was just a mirror
In a rapidly flying car,
Which catches and loses bits of the landscape.
Then in time
Great scratches were made on the mirror,
Letting the outside world come in,

And letting my inner self look out.
For this is the birth of the soul in sorrow,
A birth with gains and losses.
The mind sees the world as a thing apart,
And the soul makes the world at one with itself.
A mirror scratched reflects no image —
And this is the silence of wisdom.

Roger Heston

Oh many times did Ernest Hyde and I
Argue about the freedom of the will.
My favorite metaphor was Prickett's cow
Roped out to grass, and free, you know, as far
As the length of the rope.
One day while arguing so, watching the cow
Pull at the rope to get beyond the circle
Which she had eaten bare,
Out came the stake, and tossing up her head,
She ran for us.
"What's that, free-will or what?" said Ernest,
    running.
I fell just as she gored me to my death.

Amos Sibley

Not character, not fortitude, not patience
Were mine, the which the village thought I had
In bearing with my wife, while preaching on,
Doing the work God chose for me.
I loathed her as a termagant, as a wanton.
I knew of her adulteries, every one.
But even so, if I divorced the woman
I must forsake the ministry.
Therefore to do God's work and have it crop,

I bore with her!
So lied I to myself!
So lied I to Spoon River!
Yet I tried lecturing, ran for the legislature,
Canvassed for books, with just the thought in mind:
If I make money thus, I will divorce her.

Mrs. Sibley

The secret of the stars, — gravitation.
The secret of the earth, — layers of rock.
The secret of the soil, — to receive seed.
The secret of the seed, — the germ.
The secret of man, — the sower.
The secret of woman, — the soil.
My secret: Under a mound that you shall
    never find.

Adam Weirauch

I was crushed between Altgeld and Armour.
I lost many friends, much time and money
Fighting for Altgeld whom Editor Whedon
Denounced as the candidate of gamblers and
    anarchists.
Then Armour started to ship dressed meat to
    Spoon River,
Forcing me to shut down my slaughter-house
And my butcher shop went all to pieces.
The new forces of Altgeld and Armour caught me
At the same time.
I thought it due me, to recoup the money I lost
And to make good the friends that left me,
For the Governor to appoint me Canal
    Commissioner.

Instead he appointed Whedon of the Spoon
   River *Argus*,
So I ran for the legislature and was elected.
I said to hell with principle and sold my vote
On Charles T. Yerkes' street-car franchise.
Of course I was one of the fellows they caught.
Who was it, Armour, Altgeld or myself,
That ruined me?

Ezra Bartlett

A chaplain in the army,
A chaplain in the prisons,
An exhorter in Spoon River,
Drunk with divinity, Spoon River—
Yet bringing poor Eliza Johnson to shame,
And myself to scorn and wretchedness.
But why will you never see that love of women,
And even love of wine,
Are the stimulants by which the soul,
   hungering for divinity,
Reaches the ecstatic vision
And sees the celestial outposts?
Only after many trials for strength,
Only when all stimulants fail,
Does the aspiring soul
By its own sheer power
Find the divine
By resting upon itself.

Amelia Garrick

Yes, here I lie close to a stunted rose bush
In a forgotten place near the fence
Where the thickets from Siever's woods
Have crept over, growing sparsely.
And you, you are a leader in New York,
The wife of a noted millionaire,
A name in the society columns,
Beautiful, admired, magnified perhaps
By the mirage of distance.
You have succeeded, I have failed
In the eyes of the world.
You are alive, I am dead.
Yet I know that I vanquished your spirit;
And I know that lying here far from you,
Unheard of among your great friends
In the brilliant world where you move,
I am really the unconquerable power over
   your life
That robs it of complete triumph.

John Hancock Otis

As to democracy, fellow citizens,
Are you not prepared to admit
That I, who inherited riches and was to the
   manor born,
Was second to none in Spoon River
In my devotion to the cause of Liberty?
While my contemporary, Anthony Findlay,
Born in a shanty and beginning life
As a water carrier to the section hands,
Then becoming a section hand when he was grown,
Afterwards foreman of the gang, until he rose
To the superintendency of the railroad,
Living in Chicago,
Was a veritable slave driver,
Grinding the faces of labor,

And a bitter enemy of democracy.
And I say to you, Spoon River,
And to you, O republic,
Beware of the man who rises to power
From one suspender.

Anthony Findlay

Both for the country and for the man,
And for a country as well as a man,
'Tis better to be feared than loved.
And if this country would rather part
With the friendship of every nation
Than surrender its wealth,
I say of a man 'tis worse to lose
Money than friends.
And I rend the curtain that hides the soul
Of an ancient aspiration:
When the people clamor for freedom
They really seek for power o'er the strong.
I, Anthony Findlay, rising to greatness
From a humble water carrier,
Until I could say to thousands "Come,"
And say to thousands "Go,"
Affirm that a nation can never be good,
Or achieve the good,
Where the strong and the wise have not the rod
To use on the dull and weak.

John Cabanis

Neither spite, fellow citizens,
Nor forgetfulness of the shiftlessness,
And the lawlessness and waste
Under democracy's rule in Spoon River

Made me desert the party of law and order
And lead the liberal party.
Fellow citizens! I saw as one with second sight
That every man of the millions of men
Who give themselves to Freedom,
And fail while Freedom fails,
Enduring waste and lawlessness,
And the rule of the weak and the blind,
Dies in the hope of building earth,
Like the coral insect, for the temple
To stand on at the last.
And I swear that Freedom will wage to the end
The war for making every soul
Wise and strong and as fit to rule
As Plato's lofty guardians
In a world republic girdled!

The Unknown

Ye aspiring ones, listen to the story of the
   unknown
Who lies here with no stone to mark the place.
As a boy reckless and wanton,
Wandering with gun in hand through the forest
Near the mansion of Aaron Hatfield,
I shot a hawk perched on the top
Of a dead tree.
He fell with guttural cry
At my feet, his wing broken.
Then I put him in a cage
Where he lived many days cawing angrily at me
When I offered him food.
Daily I search the realms of Hades
For the soul of the hawk,

That I may offer him the friendship
Of one whom life wounded and caged.

Alexander Throckmorton

In youth my wings were strong and tireless,
But I did not know the mountains.
In age I knew the mountains
But my weary wings could not follow my vision.
Genius is wisdom and youth.

Jonathan Swift Somers

After you have enriched your soul
To the highest point,
With books, thought, suffering, the
    understanding of many personalities,
The power to interpret glances, silences,
The pauses in momentous transformations,
The genius of divination and prophecy,
So that you feel able at times to hold the world
In the hollow of your hand;
Then, if, by the crowding of so many powers
Into the compass of your soul,
Your soul takes fire,
And in the conflagration of your soul
The evil of the world is lighted up and made
    clear —
Be thankful if in that hour of supreme vision
Life does not fiddle.

Widow McFarlane

I was the Widow McFarlane,
Weaver of carpets for all the village.
And I pity you still at the loom of life,
You who are singing to the shuttle
And lovingly watching the work of your hands,
If you reach the day of hate, of terrible truth.
For the cloth of life is woven, you know,
To a pattern hidden under the loom —
A pattern you never see!
And you weave high-hearted, singing, singing,
You guard the threads of love and friendship
For noble figures in gold and purple.
And long after other eyes can see
You have woven a moon-white strip of cloth,
You laugh in your strength, for Hope o'erlays it
With shapes of love and beauty.
The loom stops short! The pattern's out!
You're alone in the room! You have woven a
    shroud!
And hate of it lays you in it!

Carl Hamblin

The press of the Spoon River *Clarion* was
    wrecked,
And I was tarred and feathered,
For publishing this on the day the Anarchists
    were hanged in Chicago:
"l saw a beautiful woman with bandaged eyes
Standing on the steps of a marble temple.
Great multitudes passed in front of her,
Lifting their faces to her imploringly.
In her left hand she held a sword.
She was brandishing the sword,
Sometimes striking a child, again a laborer,
Again a slinking woman, again a lunatic.
In her right hand she held a scale;

Into the scale pieces of gold were tossed
By those who dodged the strokes of the sword.
A man in a black gown read from a manuscript:
'She is no respecter of persons.'
Then a youth wearing a red cap
Leaped to her side and snatched away the
    bandage.
And lo, the lashes had been eaten away
From the oozy eye-lids;
The eye-balls were seared with a milky mucus;
The madness of a dying soul
Was written on her face—
But the multitude saw why she wore the
    bandage."

Editor Whedon

To be able to see every side of every question;
To be on every side, to be everything, to be
    nothing long;
To pervert truth, to ride it for a purpose,
To use great feelings and passions of the
    human family
For base designs, for cunning ends,
To wear a mask like the Greek actors—
Your eight-page paper—behind which you
    huddle,
Bawling through the megaphone of big type:
"This is I, the giant."
Thereby also living the life of a sneak-thief,
Poisoned with the anonymous words
Of your clandestine soul.
To scratch dirt over scandal for money,
And exhume it to the winds for revenge,
Or to sell papers,
Crushing reputations, or bodies, if need be,
To win at any cost, save your own life.
To glory in demoniac power, ditching
    civilization,
As a paranoiac boy puts a log on the track
And derails the express train.
To be an editor, as I was.
Then to lie here close by the river over the place
Where the sewage flows from the village,
And the empty cans and garbage are dumped,
And abortions are hidden.

Eugene Carman

Rhodes' slave! Selling shoes and gingham,
Flour and bacon, overalls, clothing, all day
    long
For fourteen hours a day for three hundred
    and thirteen days
For more than twenty years.
Saying "Yes'm" and "Yes, sir", and "Thank you"
A thousand times a day, and all for fifty dollars
    a month.
Living in this stinking room in the rattle-trap
    "Commercial."
And compelled to go to Sunday School, and
    to listen
To the Rev. Abner Peet one hundred and four
    times a year
For more than an hour at a time,
Because Thomas Rhodes ran the church
As well as the store and the bank.
So while I was tying my neck-tie that morning

I suddenly saw myself in the glass:
My hair all gray, my face like a sodden pie.
So I cursed and cursed: You damned old thing!
You cowardly dog! You rotten pauper!
You Rhodes' slave! Till Roger Baughman
Thought I was having a fight with someone,
And looked through the transom just in time
To see me fall on the floor in a heap
From a broken vein in my head.

Clarence Fawcett

The sudden death of Eugene Carman
Put me in line to be promoted to fifty dollars
   a month,
And I told my wife and children that night.
But it didn't come, and so I thought
Old Rhodes suspected me of stealing
The blankets I took and sold on the side
For money to pay a doctor's bill for my little girl.
Then like a bolt old Rhodes accused me,
And promised me mercy for my family's sake
If I confessed, and so I confessed,
And begged him to keep it out of the papers,
And I asked the editors, too.
That night at home the constable took me
And every paper, except the *Clarion*,
Wrote me up as a thief
Because old Rhodes was an advertiser
And wanted to make an example of me.
Oh! well, you know how the children cried,
And how my wife pitied and hated me,
And how I came to lie here.

W. Lloyd Garrison Standard

Vegetarian, non-resistant, free-thinker, in
   ethics a Christian;
Orator apt at the rhinestone rhythm of Ingersoll;
Carnivorous, avenger, believer and pagan;
Continent, promiscuous, changeable,
   treacherous, vain,
Proud, with the pride that makes struggle a
   thing for laughter;
With heart cored out by the worm of theatric
   despair.
Wearing the coat of indifference to hide the
   shame of defeat;
I, child of the abolitionist idealism —
A sort of Brand in a birth of half-and-half.
What other thing could happen when I defended
The patriot scamps who burned the court house,
That Spoon River might have a new one,
Than plead them guilty? When Kinsey Keene
   drove through
The card-board mask of my life with a spear
   of light,
What could I do but slink away, like the beast
   of myself
Which I raised from a whelp, to a corner and
   growl?
The pyramid of my life was nought but a dune,
Barren and formless, spoiled at last by the storm.

Professor Newcomer

Everyone laughed at Col. Prichard
For buying an engine so powerful
That it wrecked itself, and wrecked the grinder

He ran it with.
But here is a joke of cosmic size:
The urge of nature that made a man
Evolve from his brain a spiritual life—
Oh miracle of the world!—
The very same brain with which the ape and
   wolf
Get food and shelter and procreate themselves.
Nature has made man do this,
In a world where she gives him nothing to do
After all—(though the strength of his soul
   goes round
In a futile waste of power,
To gear itself to the mills of the gods)—
But get food and shelter and procreate himself!

Ralph Rhodes

All they said was true;
I wrecked my father's bank with my loans
To dabble in wheat; but this was true—
I was buying wheat for him as well,
Who couldn't margin the deal in his name
Because of his church relationship.
And while George Reece was serving his term
I chased the will-o'-the-wisp of women,
And the mockery of wine in New York.
It's deathly to sicken of wine and women
When nothing else is left in life.
But suppose your head is gray, and bowed
On a table covered with acrid stubs
Of cigarettes and empty glasses,
And a knock is heard, and you know it's the knock
So long drowned out by popping corks

And the peacock screams of demireps—
And you look up, and there's your Theft,
Who waited until your head was gray,
And your heart skipped beats to say to you:
"The game is ended. I've called for you,
Go out on Broadway and be run over,
They'll ship you back to Spoon River."

Mickey M'Grew

It was just like everything else in life:
Something outside myself drew me down,
My own strength never failed me.
Why, there was the time I earned the money
With which to go away to school,
And my father suddenly needed help
And I had to give him all of it.
Just so it went till I ended up
A man-of-all-work in Spoon River.
Thus when I got the water-tower cleaned,
And they hauled me up the seventy feet,
I unhooked the rope from my waist,
And laughingly flung my giant arms
Over the smooth steel lips of the top of the
   tower—
But they slipped from the treacherous slime,
And down, down, down, I plunged
Through bellowing darkness!

Rosie Roberts

I was sick, but more than that, I was mad
At the crooked police, and the crooked game
   of life.
So I wrote to the Chief of Police at Peoria:

"I am here in my girlhood home in Spoon River,
Gradually wasting away.
But come and take me, I killed the son
Of the merchant prince, in Madam Lou's,
And the papers that said he killed himself
In his home while cleaning a hunting gun
Lied like the devil to hush up scandal,
For the bribe of advertising.
In my room I shot him, at Madam Lou's,
Because he knocked me down when I said
That, in spite of all the money he had,
I'd see my lover that night."

Oscar Hummel

I staggered on through darkness,
There was a hazy sky, a few stars
Which I followed as best I could.
It was nine o'clock, I was trying to get home.
But somehow I was lost,
Though really keeping the road.
Then I reeled through a gate and into a yard,
And called at the top of my voice:
"Oh, Fiddler! Oh, Mr. Jones!"
(I thought it was his house and he would show
    me the way home.)
But who should step out but A. D. Blood,
In his night shirt, waving a stick of wood,
And roaring about the cursed saloons,
And the criminals they made?
"You drunken Oscar Hummel", he said,
As I stood there weaving to and fro,
Taking the blows from the stick in his hand
Till I dropped down dead at his feet.

Roscoe Purkapile

She loved me. Oh! how she loved me!
I never had a chance to escape
From the day she first saw me.
But then after we were married I thought
She might prove her mortality and let me out,
Or she might divorce me.
But few die, none resign.
Then I ran away and was gone a year on a lark.
But she never complained. She said all would
    be well,
That I would return. And I did return.
I told her that while taking a row in a boat
I had been captured near Van Buren Street
By pirates on Lake Michigan,
And kept in chains, so I could not write her.
She cried and kissed me, and said it was cruel,
Outrageous, inhuman!
I then concluded our marriage
Was a divine dispensation
And could not be dissolved,
Except by death.
I was right.

Mrs. Purkapile

He ran away and was gone for a year.
When he came home he told me the silly story
Of being kidnapped by pirates on Lake Michigan
And kept in chains so he could not write me.
I pretended to believe it, though I knew very well
What he was doing, and that he met
The milliner, Mrs. Williams, now and then
When she went to the city to buy goods, as she said.

But a promise is a promise
And marriage is marriage,
And out of respect for my own character
I refused to be drawn into a divorce
By the scheme of a husband who had merely
   grown tired
Of his marital vow and duty.

Josiah Tompkins

I was well known and much beloved
And rich, as fortunes are reckoned
In Spoon River, where I had lived and worked.
That was the home for me,
Though all my children had flown afar—
Which is the way of Nature—all but one.
The boy, who was the baby, stayed at home,
To be my help in my failing years
And the solace of his mother.
But I grew weaker, as he grew stronger,
And he quarreled with me about the business,
And his wife said I was a hindrance to it;
And he won his mother to see as he did,
Till they tore me up to be transplanted
With them to her girlhood home in Missouri.
And so much of my fortune was gone at last,
Though I made the will just as he drew it,
He profited little by it.

Mrs. Kessler

Mr. Kessler, you know, was in the army,
And he drew six dollars a month as a pension,
And stood on the corner talking politics,
Or sat at home reading Grant's *Memoirs*;

And I supported the family by washing,
Learning the secrets of all the people
From their curtains, counterpanes, shirts and
   skirts.
For things that are new grow old at length,
They're replaced with better or none at all:
People are prospering or falling back.
And rents and patches widen with time;
No thread or needle can pace decay,
And there are stains that baffle soap,
And there are colors that run in spite of you,
Blamed though you are for spoiling a dress.
Handkerchiefs, napery, have their secrets—
The laundress, Life, knows all about it.
And I, who went to all the funerals
Held in Spoon River, swear I never
Saw a dead face without thinking it looked
Like something washed and ironed.

Harmon Whitney

Out of the lights and roar of cities,
Drifting down like a spark in Spoon River,
Burnt out with the fire of drink, and broken,
The paramour of a woman I took in self-contempt,
But to hide a wounded pride as well.
To be judged and loathed by a village of little
   minds—
I, gifted with tongues and wisdom,
Sunk here to the dust of the justice court,
A picker of rags in the rubbage of spites and
   wrongs,—
I, whom fortune smiled on! I in a village,
Spouting to gaping yokels pages of verse,

Out of the lore of golden years,
Or raising a laugh with a flash of filthy wit
When they bought the drinks to kindle my
    dying mind.
To be judged by you,
The soul of me hidden from you,
With its wound gangrened
By love for a wife who made the wound,
With her cold white bosom, treasonous, pure
    and hard,
Relentless to the last, when the touch of her hand,
At any time, might have cured me of the typhus,
Caught in the jungle of life where many are lost.
And only to think that my soul could not re-act,
Like Byron's did, in song, in something noble,
But turned on itself like a tortured snake—
Judge me this way, O world.

Bert Kessler

I winged my bird,
Though he flew toward the setting sun;
But just as the shot rang out, he soared
Up and up through the splinters of golden
    light,
Till he turned right over, feathers ruffled,
With some of the down of him floating near,
And fell like a plummet into the grass.
I tramped about, parting the tangles,
Till I saw a splash of blood on a stump,
And the quail lying close to the rotten roots.
I reached my hand, but saw no brier,
But something pricked and stung and
    numbed it.

And then, in a second, I spied the rattler—
The shutters wide in his yellow eyes,
The head of him arched, sunk back in the
    rings of him,
A circle of filth, the color of ashes,
Or oak leaves bleached under layers of leaves.
I stood like a stone as he shrank and uncoiled
And started to crawl beneath the stump,
When I fell limp in the grass.

Lambert Hutchins

I have two monuments besides this granite
    obelisk:
One, the house I built on the hill,
With its spires, bay windows, and roof of slate;
The other, the lake-front in Chicago,
Where the railroad keeps a switching yard,
With whistling engines and crunching wheels,
And smoke and soot thrown over the city,
And the crash of cars along the boulevard, —
A blot like a hog-pen on the harbor
Of a great metropolis, foul as a sty.
I helped to give this heritage
To generations yet unborn, with my vote
In the House of Representatives,
And the lure of the thing was to be at rest
From the never-ending fright of need,
And to give my daughters gentle breeding,
And a sense of security in life.
But, you see, though I had the mansion house
And traveling passes and local distinction,
I could hear the whispers, whispers, whispers,
Wherever I went, and my daughters grew up

With a look as if someone were about to strike
    them;
And they married madly, helter-skelter,
Just to get out and have a change.
And what was the whole of the business worth?
Why, it wasn't worth a damn!

Lillian Stewart

I was the daughter of Lambert Hutchins,
Born in a cottage near the grist-mill,
Reared in the mansion there on the hill,
With its spires, bay-windows, and roof of slate.
How proud my mother was of the mansion!
How proud of father's rise in the world!
And how my father loved and watched us,
And guarded our happiness.
But I believe the house was a curse,
For father's fortune was little beside it;
And when my husband found he had married
A girl who was really poor,
He taunted me with the spires,
And called the house a fraud on the world,
A treacherous lure to young men, raising
    hopes
Of a dowry not to be had;
And a man while selling his vote
Should get enough from the people's betrayal
To wall the whole of his family in.
He vexed my life till I went back home
And lived like an old maid till I died,
Keeping house for father.

Hortense Robbins

My name used to be in the papers daily
As having dined somewhere,
Or traveled somewhere,
Or rented a house in Paris,
Where I entertained the nobility.
I was forever eating or traveling,
Or taking the cure at Baden-Baden.
Now I am here to do honor
To Spoon River, here beside the family whence
    I sprang.
No one cares now where I dined,
Or lived, or whom I entertained,
Or how often I took the cure at Baden-Baden.

Batterton Dobyns

Did my widow flit about
From Mackinac to Los Angeles,
Resting and bathing and sitting an hour
Or more at the table over soup and meats
And delicate sweets and coffee?
I was cut down in my prime
From overwork and anxiety.
But I thought all along, whatever happens
I've kept my insurance up,
And there's something in the bank,
And a section of land in Manitoba.
But just as I slipped I had a vision
In a last delirium:
I saw myself lying nailed in a box
With a white lawn tie and a boutonnière,
And my wife was sitting by a window
Some place afar overlooking the sea;

She seemed so rested, ruddy and fat,
Although her hair was white.
And she smiled and said to a colored waiter
"Another slice of roast beef, George.
Here's a nickel for your trouble."

Jacob Godbey

How did you feel, you libertarians,
Who spent your talents rallying noble reasons
Around the saloon, as if Liberty
Was not to be found anywhere except at the bar
Or at a table, guzzling?
How did you feel, Ben Pantier, and the rest of you,
Who almost stoned me for a tyrant,
Garbed as a moralist,
And as a wry-faced ascetic frowning upon
    Yorkshire pudding,
Roast beef and ale and good will and rosy cheer—
Things you never saw in a grog-shop in your life?
How did you feel after I was dead and gone,
And your goddess, Liberty, unmasked as a
    strumpet,
Selling out the streets of Spoon River
To the insolent giants
Who manned the saloons from afar?
Did it occur to you that personal liberty
Is liberty of the mind,
Rather than of the belly?

Walter Simmons

My parents thought that I would be
As great as Edison or greater:
For as a boy I made balloons
And wondrous kites and toys with clocks
And little engines with tracks to run on
And telephones of cans and thread.
I played the cornet and painted pictures,
Modeled in clay and took the part
Of the villain in the *Octoroon*.
But then at twenty-one I married
And had to live, and so, to live
I learned the trade of making watches
And kept the jewelry store on the square,
Thinking, thinking, thinking, thinking,—
Not of business, but of the engine
I studied the calculus to build.
And all Spoon River watched and waited
To see it work, but it never worked.
And a few kind souls believed my genius
Was somehow hampered by the store.
It wasn't true. The truth was this:
I did not have the brains.

Tom Beatty

I was a lawyer like Harmon Whitney
Or Kinsey Keene or Garrison Standard,
For I tried the rights of property,
Although by lamp-light, for thirty years,
In that poker room in the opera house.
And I say to you that Life's a gambler
Head and shoulders above us all.
No mayor alive can close the house.
And if you lose, you can squeal as you will;
You'll not get back your money.
He makes the percentage hard to conquer;
He stacks the cards to catch your weakness

And not to meet your strength.
And he gives you seventy years to play:
For if you cannot win in seventy
You cannot win at all.
So, if you lose, get out of the room —
Get out of the room when your time is up.
It's mean to sit and fumble the cards
And curse your losses, leaden-eyed,
Whining to try and try.

Roy Butler

If the learned Supreme Court of Illinois
Got at the secret of every case
As well as it does a case of rape
It would be the greatest court in the world.
A jury, of neighbors mostly, with "Butch" Weldy
As foreman, found me guilty in ten minutes
And two ballots on a case like this:
Richard Bandle and I had trouble over a fence,
And my wife and Mrs. Bandle quarreled
As to whether Ipava was a finer town than Table
    Grove.
I awoke one morning with the love of God
Brimming over my heart, so I went to see
    Richard
To settle the fence in the spirit of Jesus Christ.
I knocked on the door, and his wife opened;
She smiled and asked me in. I entered —
She slammed the door and began to scream,
"Take your hands off, you low down varlet!"
Just then her husband entered.
I waved my hands, choked up with words.
He went for his gun, and I ran out.

But neither the Supreme Court nor my wife
Believed a word she said.

Searcy Foote

I wanted to go away to college
But rich Aunt Persis wouldn't help me.
So I made gardens and raked the lawns
And bought John Alden's books with my earnings
And toiled for the very means of life.
I wanted to marry Delia Prickett,
But how could I do it with what I earned?
And there was Aunt Persis more than seventy,
Who sat in a wheel-chair half alive,
With her throat so paralyzed, when she swallowed
The soup ran out of her mouth like a duck —
A gourmand yet, investing her income
In mortgages, fretting all the time
About her notes and rents and papers.
That day I was sawing wood for her,
And reading Proudhon in between.
I went in the house for a drink of water,
And there she sat asleep in her chair,
And Proudhon lying on the table,
And a bottle of chloroform on the book,
She used sometimes for an aching tooth.
I poured the chloroform on a handkerchief
And held it to her nose till she died. —
Oh Delia, Delia, you and Proudhon
Steadied my hand, and the coroner
Said she died of heart failure.
I married Delia and got the money —
A joke on you, Spoon River?

Edmund Pollard

I would I had thrust my hands of flesh
Into the disk-flowers bee-infested,
Into the mirror-like core of fire
Of the light of life, the sun of delight.
For what are anthers worth or petals
Or halo-rays? Mockeries, shadows
Of the heart of the flower, the central flame!
All is yours, young passer-by;
Enter the banquet room with the thought;
Don't sidle in as if you were doubtful
Whether you're welcome — the feast is yours!
Nor take but a little, refusing more
With a bashful "Thank you", when you're hungry.
Is your soul alive? Then let it feed!
Leave no balconies where you can climb;
Nor milk-white bosoms where you can rest;
Nor golden heads with pillows to share;
Nor wine cups while the wine is sweet;
Nor ecstasies of body or soul,
You will die, no doubt, but die while living
In depths of azure, rapt and mated,
Kissing the queen-bee, Life!

Thomas Trevelyan

Reading in Ovid the sorrowful story of Itys,
Son of the love of Tereus and Procne, slain
For the guilty passion of Tereus for Philomela,
The flesh of him served to Tereus by Procne,
And the wrath of Tereus, the murderess pursuing
Till the gods made Philomela a nightingale,
Lute of the rising moon, and Procne a swallow!
Oh livers and artists of Hellas centuries gone,

Sealing in little thuribles dreams and wisdom,
Incense beyond all price, forever fragrant,
A breath whereof makes clear the eyes of the soul!
How I inhaled its sweetness here in Spoon River!
The thurible opening when I had lived and learned
How all of us kill the children of love, and all of us,
Knowing not what we do, devour their flesh;
And all of us change to singers, although it be
But once in our lives, or change — alas! — to
    swallows,
To twitter amid cold winds and falling leaves!

Percival Sharp

Observe the clasped hands!
Are they hands of farewell or greeting,
Hands that I helped or hands that helped me?
Would it not be well to carve a hand
With an inverted thumb, like Elagabalus?
And yonder is a broken chain,
The weakest-link idea perhaps —
But what was it?
And lambs, some lying down,
Others standing, as if listening to the shepherd —
Others bearing a cross, one foot lifted up —
Why not chisel a few shambles?
And fallen columns! Carve the pedestal, please,
Or the foundations; let us see the cause of
    the fall.
And compasses and mathematical instruments,
In irony of the under tenants' ignorance
Of determinants and the calculus of variations.
And anchors, for those who never sailed.
And gates ajar — yes, so they were;

You left them open and stray goats entered
    your garden.
And an eye watching like one of the Arimaspi—
So did you—with one eye.
And angels blowing trumpets—you are
    heralded—
It is your horn and your angel and your family's
    estimate.
It is all very well, but for myself I know
I stirred certain vibrations in Spoon River
Which are my true epitaph, more lasting than
    stone.

Hiram Scates

I tried to win the nomination
For president of the County Board
And I made speeches all over the county
Denouncing Solomon Purple, my rival,
As an enemy of the people,
In league with the master-foes of man.
Young idealists, broken warriors,
Hobbling on one crutch of hope,
Souls that stake their all on the truth,
Losers of worlds at heaven's bidding,
Flocked about me and followed my voice
As the savior of the county.
But Solomon won the nomination;
And then I faced about,
And rallied my followers to his standard,
And made him victor, made him King
Of the Golden Mountain with the door
Which closed on my heels just as I entered,
Flattered by Solomon's invitation,
To be the County Board's secretary.
And out in the cold stood all my followers:
Young idealists, broken warriors
Hobbling on one crutch of hope—
Souls that staked their all on the truth,
Losers of worlds at heaven's bidding,
Watching the Devil kick the Millennium
Over the Golden Mountain.

Peleg Poague

Horses and men are just alike.
There was my stallion, Billy Lee,
Black as a cat and trim as a deer,
With an eye of fire, keen to start,
And he could hit the fastest speed
Of any racer around Spoon River.
But just as you'd think he couldn't lose,
With his lead of fifty yards or more,
He'd rear himself and throw the rider,
And fall back over, tangled up,
Completely gone to pieces.
You see he was a perfect fraud:
He couldn't win, he couldn't work,
He was too light to haul or plow with,
And no one wanted colts from him.
And when I tried to drive him—well,
He ran away and killed me.

Jeduthan Hawley

There would be a knock at the door
And I would arise at midnight and go to the shop,
Where belated travelers would hear me
    hammering

Sepulchral boards and tacking satin.
And often I wondered who would go with me
To the distant land, our names the theme
For talk, in the same week, for I've observed
Two always go together.
Chase Henry was paired with Edith Conant;
And Jonathan Somers with Willie Metcalf;
And Editor Hamblin with Francis Turner,
When he prayed to live longer than Editor Whedon,
And Thomas Rhodes with widow McFarlane;
And Emily Sparks with Barry Holden;
And Oscar Hummel with Davis Matlock;
And Editor Whedon with Fiddler Jones;
And Faith Matheny with Dorcas Gustine.
And I, the solemnest man in town,
Stepped off with Daisy Fraser.

Abel Melveny

I bought every kind of machine that's known —
Grinders, shellers, planters, mowers,
Mills and rakes and ploughs and threshers —
And all of them stood in the rain and sun,
Getting rusted, warped and battered,
For I had no sheds to store them in,
And no use for most of them.
And toward the last, when I thought it over,
There by my window, growing clearer
About myself, as my pulse slowed down,
And looked at one of the mills I bought,
Which I didn't have the slightest need of,
As things turned out, and I never ran —
A fine machine, once brightly varnished,
And eager to do its work,

Now with its paint washed off —
I saw myself as a good machine
That Life had never used.

Oaks Tutt

My mother was for woman's rights
And my father was the rich miller at London Mills.
I dreamed of the wrongs of the world and
    wanted to right them.
When my father died, I set out to see peoples
    and countries
In order to learn how to reform the world.
I traveled through many lands.
I saw the ruins of Rome
And the ruins of Athens,
And the ruins of Thebes.
And I sat by moonlight amid the necropolis of
    Memphis.
There I was caught up by wings of flame,
And a voice from heaven said to me:
"Injustice, Untruth destroyed them. Go forth!
Preach Justice! Preach Truth!"
And I hastened back to Spoon River
To say farewell to my mother before beginning
    my work.
They all saw a strange light in my eye.
And by and by, when I talked, they discovered
What had come in my mind.
Then Jonathan Swift Somers challenged me
    to debate
The subject, (I taking the negative):
"Pontius Pilate, the Greatest Philosopher of
    the World."

And he won the debate by saying at last,
"Before you reform the world, Mr. Tutt
Please answer the question of Pontius Pilate:
"'What is Truth?'"

Elliott Hawkins

I looked like Abraham Lincoln.
I was one of you, Spoon River, in all fellowship,
But standing for the rights of property and for
    order.
A regular church attendant,
Sometimes appearing in your town meetings
    to warn you
Against the evils of discontent and envy
And to denounce those who tried to destroy
    the Union,
And to point to the peril of the Knights of Labor.
My success and my example are inevitable
    influences
In your young men and in generations to come,
In spite of attacks of newspapers like the *Clarion*;
A regular visitor at Springfield,
When the Legislature was in session,
To prevent raids upon the railroads,
And the men building up the state.
Trusted by them and by you, Spoon River, equally
In spite of the whispers that I was a lobbyist.
Moving quietly through the world, rich and courted.
Dying at last, of course, but lying here
Under a stone with an open book carved upon it
And the words "Of such is the Kingdom of Heaven."
And now, you world-savers, who reaped nothing
    in life

And in death have neither stones nor epitaphs,
How do you like your silence from mouths stopped
With the dust of my triumphant career?

Voltaire Johnson

Why did you bruise me with your rough places
If you did not want me to tell you about them?
And stifle me with your stupidities,
If you did not want me to expose them?
And nail me with the nails of cruelty,
If you did not want me to pluck the nails forth
And fling them in your faces?
And starve me because I refused to obey you,
If you did not want me to undermine your
    tyranny?
I might have been as soul serene
As William Wordsworth except for you!
But what a coward you are, Spoon River,
When you drove me to stand in a magic circle
By the sword of Truth described!
And then to whine and curse your burns,
And curse my power who stood and laughed
Amid ironical lightning!

English Thornton

Here! You sons of the men
Who fought with Washington at Valley Forge,
And whipped Black Hawk at Starved Rock,
Arise! Do battle with the descendants of those
Who bought land in the loop when it was
    waste sand,
And sold blankets and guns to the army of Grant,
And sat in legislatures in the early days,

Taking bribes from the railroads!
Arise! Do battle with the fops and bluffs,
The pretenders and figurantes of the society
   column,
And the yokel souls whose daughters marry
   counts;
And the parasites on great ideas,
And the noisy riders of great causes,
And the heirs of ancient thefts.
Arise! And make the city yours,
And the state yours —
You who are sons of the hardy yeomanry of the
   forties!
By God! If you do not destroy these vermin
My avenging ghost will wipe out
Your city and your state.

Enoch Dunlap

How many times, during the twenty years
I was your leader, friends of Spoon River,
Did you neglect the convention and caucus,
And leave the burden on my hands
Of guarding and saving the people's cause? —
Sometimes because you were ill;
Or your grandmother was ill;
Or you drank too much and fell asleep;
Or else you said: "He is our leader,
All will be well; he fights for us;
We have nothing to do but follow."
But oh, how you cursed me when I fell,
And cursed me, saying I had betrayed you,
In leaving the caucus room for a moment,
When the people's enemies, there assembled,

Waited and watched for a chance to destroy
The Sacred Rights of the People.
You common rabble! I left the caucus
To go to the urinal.

Ida Frickey

Nothing in life is alien to you:
I was a penniless girl from Summum
Who stepped from the morning train in Spoon
   River.
All the houses stood before me with closed
   doors
And drawn shades — l was barred out;
I had no place or part in any of them.
And I walked past the old McNeely mansion,
A castle of stone 'mid walks and gardens,
With workmen about the place on guard,
And the county and state upholding it
For its lordly owner, full of pride.
I was so hungry I had a vision:
I saw a giant pair of scissors
Dip from the sky, like the beam of a dredge,
And cut the house in two like a curtain.
But at the "Commercial" I saw a man,
Who winked at me as I asked for work —
It was Wash McNeely's son.
He proved the link in the chain of title
To half my ownership of the mansion,
Through a breach of promise suit — the scissors.
So, you see, the house, from the day I was born,
Was only waiting for me.

Seth Compton

When I died, the circulating library
Which I built up for Spoon River,
And managed for the good of inquiring minds,
Was sold at auction on the public square,
As if to destroy the last vestige
Of my memory and influence.
For those of you who could not see the virtue
Of knowing Volney's *Ruins* as well as Butler's
  Analogy,
And *Faust* as well as *Evangeline*,
Were really the power in the village,
And often you asked me,
"What is the use of knowing the evil in the world?"
I am out of your way now, Spoon River,
Choose your own good and call it good.
For I could never make you see
That no one knows what is good
Who knows not what is evil;
And no one knows what is true
Who knows not what is false.

Felix Schmidt

It was only a little house of two rooms—
Almost like a child's play-house—
With scarce five acres of ground around it;
And I had so many children to feed
And school and clothe, and a wife who was sick
From bearing children.
One day lawyer Whitney came along
And proved to me that Christian Dallman,
Who owned three thousand acres of land,
Had bought the eighty that adjoined me
In eighteen hundred and seventy-one
For eleven dollars, at a sale for taxes,
While my father lay in his mortal illness.
So the quarrel arose and I went to law.
But when we came to the proof,
A survey of the land showed clear as day
That Dallman's tax deed covered my ground
And my little house of two rooms.
It served me right for stirring him up.
I lost my case and lost my place.
I left the court room and went to work
As Christian Dallman's tenant.

Schrœder The Fisherman

I sat on the bank above Bernadotte
And dropped crumbs in the water,
Just to see the minnows bump each other,
Until the strongest got the prize.
Or I went to my little pasture
Where the peaceful swine were asleep in the
  wallow,
Or nosing each other lovingly,
And emptied a basket of yellow corn,
And watched them push and squeal and bite,
And trample each other to get the corn.
And I saw how Christian Dallman's farm,
Of more than three thousand acres,
Swallowed the patch of Felix Schmidt,
As a bass will swallow a minnow
And I say if there's anything in man—
Spirit, or conscience, or breath of God
That makes him different from fishes or hogs,
I'd like to see it work!

Richard Bone

When I first came to Spoon River
I did not know whether what they told me
Was true or false.
They would bring me the epitaph
And stand around the shop while I worked
And say "He was so kind," "He was so wonderful,"
"She was the sweetest woman," "He was a
  consistent Christian."
And I chiseled for them whatever they wished,
All in ignorance of the truth.
But later, as I lived among the people here,
I knew how near to the life
Were the epitaphs that were ordered for them
  as they died.
But still I chiseled whatever they paid me
  to chisel
And made myself party to the false chronicles
Of the stones,
Even as the historian does who writes
Without knowing the truth,
Or because he is influenced to hide it.

Silas Dement

It was moon-light, and the earth sparkled
With new-fallen frost.
It was midnight and not a soul abroad.
Out of the chimney of the court-house
A gray-hound of smoke leapt and chased
The northwest wind.
I carried a ladder to the landing of the stairs
And leaned it against the frame of the trap-door
In the ceiling of the portico,
And I crawled under the roof and amid the rafters
And flung among the seasoned timbers
A lighted handful of oil-soaked waste.
Then I came down and slunk away.
In a little while the fire-bell rang—
Clang! Clang! Clang!
And the Spoon River ladder company
Came with a dozen buckets and began to pour
  water
On the glorious bonfire, growing hotter,
Higher and brighter, till the walls fell in,
And the limestone columns where Lincoln stood
Crashed like trees when the woodman fells
  them . . .
When I came back from Joliet
There was a new court-house with a dome.
For I was punished like all who destroy
The past for the sake of the future.

Dillard Sissman

The buzzards wheel slowly
In wide circles, in a sky
Faintly hazed as from dust from the road.
And a wind sweeps through the pasture where
  I lie
Beating the grass into long waves.
My kite is above the wind,
Though now and then it wobbles,
Like a man shaking his shoulders;
And the tail streams out momentarily,
Then sinks to rest.
And the buzzards wheel and wheel,
Sweeping the zenith with wide circles

Above my kite. And the hills sleep.
And a farm house, white as snow,
Peeps from green trees — far away.
And I watch my kite,
For the thin moon will kindle herself ere long,
Then she will swing like a pendulum dial
To the tail of my kite.
A spurt of flame like a water-dragon
Dazzles my eyes —
I am shaken as a banner!

Jonathan Houghton

There is the caw of a crow,
And the hesitant song of a thrush.
There is the tinkle of a cowbell far away,
And the voice of a plowman on Shipley's hill.
The forest beyond the orchard is still
With midsummer stillness;
And along the road a wagon chuckles,
Loaded with corn, going to Atterbury.
And an old man sits under a tree asleep,
And an old woman crosses the road,
Coming from the orchard with a bucket of
    blackberries.
And a boy lies in the grass
Near the feet of the old man,
And looks up at the sailing clouds,
And longs, and longs, and longs
For what, he knows not:
For manhood, for life, for the unknown world!
Then thirty years passed,
And the boy returned worn out by life
And found the orchard vanished,
And the forest gone,
And the house made over,
And the roadway filled with dust from
    automobiles —
And himself desiring The Hill!

E. C. Culbertson

Is it true, Spoon River,
That in the hall-way of the new court-house
There is a tablet of bronze
Containing the embossed faces
Of Editor Whedon and Thomas Rhodes?
And is it true that my successful labors
In the County Board, without which
Not one stone would have been placed on
    another,
And the contributions out of my own pocket
To build the temple, are but memories among
    the people,
Gradually fading away, and soon to descend
With them to this oblivion where I lie?
In truth, I can so believe.
For it is a law of the Kingdom of Heaven
That whoso enters the vineyard at the eleventh
    hour
Shall receive a full day's pay.
And it is a law of the Kingdom of this World
That those who first oppose a good work
Seize it and make it their own,
When the corner-stone is laid,
And memorial tablets are erected.

Shack Dye

The white men played all sorts of jokes on me.
They took big fish off my hook
And put little ones on, while I was away
Getting a stringer, and made me believe
I hadn't seen aright the fish I had caught.
When Burr Robbins circus came to town
They got the ring master to let a tame leopard
Into the ring, and made me believe
I was whipping a wild beast like Samson
When I, for an offer of fifty dollars,
Dragged him out to his cage.
One time I entered my blacksmith shop
And shook as I saw some horse-shoes crawling
Across the floor, as if alive —
Walter Simmons had put a magnet
Under the barrel of water.
Yet everyone of you, you white men,
Was fooled about fish and about leopards too,
And you didn't know any more than the horse-
    shoes did
What moved you about Spoon River.

Hildrup Tubbs

I made two fights for the people.
First I left my party, bearing the gonfalon
Of independence, for reform, and was defeated.
Next I used my rebel strength
To capture the standard of my old party —
And I captured it, but I was defeated.
Discredited and discarded, misanthropical,
I turned to the solace of gold
And I used my remnant of power

To fasten myself like a saprophyte
Upon the putrescent carcass
Of Thomas Rhodes' bankrupt bank,
As assignee of the fund.
Everyone now turned from me.
My hair grew white,
My purple lusts grew gray,
Tobacco and whisky lost their savor
And for years Death ignored me
As he does a hog.

Henry Tripp

The bank broke and I lost my savings.
I was sick of the tiresome game in Spoon River
And I made up my mind to run away
And leave my place in life and my family;
But just as the midnight train pulled in,
Quick off the steps jumped Cully Green
And Martin Vise, and began to fight
To settle their ancient rivalry,
Striking each other with fists that sounded
Like the blows of knotted clubs.
Now it seemed to me that Cully was winning,
When his bloody face broke into a grin
Of sickly cowardice, leaning on Martin
And whining out "We're good friends, Mart,
You know that I'm your friend."
But a terrible punch from Martin knocked him
Around and around and into a heap.
And then they arrested me as a witness,
And I lost my train and staid in Spoon River
To wage my battle of life to the end.
Oh, Cully Green, you were my savior —

You, so ashamed and drooped for years,
Loitering listless about the streets,
And tying rags 'round your festering soul,
Who failed to fight it out.

Granville Calhoun

I wanted to be County Judge
One more term, so as to round out a service
Of thirty years.
But my friends left me and joined my enemies,
And they elected a new man.
Then a spirit of revenge seized me,
And I infected my four sons with it,
And I brooded upon retaliation,
Until the great physician, Nature,
Smote me through with paralysis
To give my soul and body a rest.
Did my sons get power and money?
Did they serve the people or yoke them,
To till and harvest fields of self?
For how could they ever forget
My face at my bed-room window,
Sitting helpless amid my golden cages
Of singing canaries,
Looking at the old court-house?

Henry C. Calhoun

I reached the highest place in Spoon River,
But through what bitterness of spirit!
The face of my father, sitting speechless,
Child-like, watching his canaries,
And looking at the court-house window
Of the county judge's room,

And his admonitions to me to seek
My own in life, and punish Spoon River
To avenge the wrong the people did him,
Filled me with furious energy
To seek for wealth and seek for power.
But what did he do but send me along
The path that leads to the grove of the Furies?
I followed the path and I tell you this:
On the way to the grove you'll pass the Fates,
Shadow-eyed, bent over their weaving.
Stop for a moment, and if you see
The thread of revenge leap out of the shuttle
Then quickly snatch from Atropos
The shears and cut it, lest your sons
And the children of them and their children
Wear the envenomed robe.

Alfred Moir

Why was I not devoured by self-contempt,
And rotted down by indifference
And impotent revolt like Indignation Jones?
Why, with all of my errant steps
Did I miss the fate of Willard Fluke?
And why, though I stood at Burchard's bar,
As a sort of decoy for the house to the boys
To buy the drinks, did the curse of drink
Fall on me like rain that runs off,
Leaving the soul of me dry and clean?
And why did I never kill a man
Like Jack McGuire?
But instead I mounted a little in life,
And I owe it all to a book I read.
But why did I go to Mason City,

Where I chanced to see the book in a window,
With its garish cover luring my eye?
And why did my soul respond to the book,
As I read it over and over?

Perry Zoll

My thanks, friends of the County Scientific
    Association,
For this modest boulder,
And its little tablet of bronze.
Twice I tried to join your honored body,
And was rejected,
And when my little brochure
On the intelligence of plants
Began to attract attention
You almost voted me in.
After that I grew beyond the need of you
And your recognition.
Yet I do not reject your memorial stone,
Seeing that I should, in so doing,
Deprive you of honor to yourselves.

Dippold the Optician

What do you see now?
Globes of red, yellow, purple.
Just a moment! And now?
My father and mother and sisters.
Yes! And now?
Knights at arms, beautiful women, kind faces.
Try this.
A field of grain — a city.
Very good! And now?
A young woman with angels bending over her.

A heavier lens! And now?
Many women with bright eyes and open lips.
Try this.
Just a goblet on a table.
Oh I see! Try this lens!
Just an open space — I see nothing in particular.
Well, now!
Pine trees, a lake, a summer sky.
That's better. And now?
A book.
Read a page for me.
I can't. My eyes are carried beyond the page.
Try this lens.
Depths of air.
Excellent! And now?
Light, just light, making everything below it a
    toy world.
Very well, we'll make the glasses accordingly.

Magrady Graham

Tell me, was Altgeld elected Governor?
For when the returns began to come in
And Cleveland was sweeping the East,
It was too much for you, poor old heart,
Who had striven for democracy
In the long, long years of defeat.
And like a watch that is worn
I felt you growing slower until you stopped.
Tell me, was Altgeld elected,
And what did he do?
Did they bring his head on a platter to a dancer,
Or did he triumph for the people?
For when I saw him

And took his hand,
The child-like blueness of his eyes
Moved me to tears,
And there was an air of eternity about him,
Like the cold, clear light that rests at dawn
On the hills!

Archibald Higbie

I loathed you, Spoon River. I tried to rise
    above you,
I was ashamed of you. I despised you
As the place of my nativity.
And there in Rome, among the artists,
Speaking Italian, speaking French,
I seemed to myself at times to be free
Of every trace of my origin.
I seemed to be reaching the heights of art
And to breathe the air that the masters
    breathed,
And to see the world with their eyes.
But still they'd pass my work and say:
"What are you driving at, my friend?
Sometimes the face looks like Apollo's,
At others it has a trace of Lincoln's."
There was no culture, you know, in Spoon River
And I burned with shame and held my peace.
And what could I do, all covered over
And weighted down with western soil,
Except aspire, and pray for another
Birth in the world, with all of Spoon River
Rooted out of my soul?

Tom Merritt

At first I suspected something—
She acted so calm and absent-minded.
And one day I heard the back door shut
As I entered the front, and I saw him slink
Back of the smokehouse into the lot,
And run across the field.
And I meant to kill him on sight.
But that day, walking near Fourth Bridge,
Without a stick or a stone at hand,
All of a sudden I saw him standing,
Scared to death, holding his rabbits,
And all I could say was, "Don't, Don't, Don't,"
As he aimed and fired at my heart.

Mrs. Merritt

Silent before the jury,
Returning no word to the judge when he asked me
If I had aught to say against the sentence,
Only shaking my head.
What could I say to people who thought
That a woman of thirty-five was at fault
When her lover of nineteen killed her husband?
Even though she had said to him over and over,
"Go away, Elmer, go far away,
I have maddened your brain with the gift of my body:
You will do some terrible thing."
And just as I feared, he killed my husband;
With which I had nothing to do, before God!
Silent for thirty years in prison!
And the iron gates of Joliet
Swung as the gray and silent trusties
Carried me out in a coffin.

Elmer Karr

What but the love of God could have softened
And made forgiving the people of Spoon River
Toward me who wronged the bed of Thomas Merritt
And murdered him beside?
Oh, loving hearts that took me in again
When I returned from fourteen years in prison!
Oh, helping hands that in the church received me,
And heard with tears my penitent confession,
Who took the sacrament of bread and wine!
Repent, ye living ones, and rest with Jesus.

Elizabeth Childers

Dust of my dust,
And dust with my dust,
O, child who died as you entered the world,
Dead with my death!
Not knowing breath, though you tried so hard,
With a heart that beat when you lived with me,
And stopped when you left me for Life.
It is well, my child. For you never traveled
The long, long way that begins with school days,
When little fingers blur under the tears
That fall on the crooked letters.
And the earliest wound, when a little mate
Leaves you alone for another;
And sickness, and the face of Fear by the bed;
The death of a father or mother;
Or shame for them, or poverty;
The maiden sorrow of school days ended;
And eyeless Nature that makes you drink
From the cup of Love, though you know it's
    poisoned;

To whom would your flower-face have been lifted?
Botanist, weakling? Cry of what blood to yours?—
Pure or foul, for it makes no matter,
It's blood that calls to our blood.
And then your children—oh, what might they be?
And what your sorrow? Child! Child!
Death is better than Life!

Edith Conant

We stand about this place—we, the memories;
And shade our eyes because we dread to read:
"June 17th, 1884, aged 21 years and 3 days."
And all things are changed.
And we—we, the memories—stand here for
    ourselves alone,
For no eye marks us, or would know why we
    are here.
Your husband is dead, your sister lives far away,
Your father is bent with age;
He has forgotten you, he scarcely leaves the house
Any more.
No one remembers your exquisite face,
Your lyric voice!
How you sang, even on the morning you were
    stricken,
With piercing sweetness, with thrilling sorrow,
Before the advent of the child which died with you.
It is all forgotten, save by us, the memories,
Who are forgotten by the world.
All is changed, save the river and the hill—
Even they are changed.
Only the burning sun and the quiet stars are
    the same.

And we — we, the memories, stand here in awe,
Our eyes closed with the weariness of tears —
In immeasurable weariness!

Charles Webster

The pine woods on the hill,
And the farmhouse miles away,
Showed clear as though behind a lens
Under a sky of peacock blue!
But a blanket of cloud by afternoon
Muffled the earth. And you walked the road
And the clover field, where the only sound
Was the cricket's liquid tremolo.
Then the sun went down between great drifts
Of distant storms. For a rising wind
Swept clean the sky and blew the flames
Of the unprotected stars;
And swayed the russet moon,
Hanging between the rim of the hill
And the twinkling boughs of the apple orchard.
You walked the shore in thought
Where the throats of the waves were like whip-
    poor-wills
Singing beneath the water and crying
To the wash of the wind in the cedar trees,
Till you stood, too full for tears, by the cot,
And looking up saw Jupiter,
Tipping the spire of the giant pine,
And looking down saw my vacant chair,
Rocked by the wind on the lonely porch —
Be brave, Beloved!

Father Malloy

You are over there, Father Malloy,
Where holy ground is, and the cross marks
    every grave,
Not here with us on the hill —
Us of wavering faith, and clouded vision
And drifting hope, and unforgiven sins.
You were so human, Father Malloy,
Taking a friendly glass sometimes with us,
Siding with us who would rescue Spoon River
From the coldness and the dreariness of
    village morality.
You were like a traveler who brings a little box
    of sand
From the wastes about the pyramids
And makes them real and Egypt real.
You were a part of and related to a great past,
And yet you were so close to many of us.
You believed in the joy of life.
You did not seem to be ashamed of the flesh.
You faced life as it is,
And as it changes.
Some of us almost came to you, Father Malloy,
Seeing how your church had divined the heart,
And provided for it,
Through Peter the Flame,
Peter the Rock.

Ami Green

Not "a youth with hoary head and haggard eye",
But an old man with a smooth skin
And black hair!
I had the face of a boy as long as I lived,

And for years a soul that was stiff and bent,
In a world which saw me just as a jest,
To be hailed familiarly when it chose,
And loaded up as a man when it chose,
Being neither man nor boy.
In truth it was soul as well as body
Which never matured, and I say to you
That the much-sought prize of eternal youth
Is just arrested growth.

Calvin Campbell

Ye who are kicking against Fate,
Tell me how it is that on this hillside
Running down to the river,
Which fronts the sun and the south wind,
This plant draws from the air and soil
Poison and becomes poison ivy?
And this plant draws from the same air and soil
Sweet elixirs and colors and becomes arbutus?
And both flourish?
You may blame Spoon River for what it is,
But whom do you blame for the will in you
That feeds itself and makes you dock-weed,
Jimpson, dandelion or mullen
And which can never use any soil or air
So as to make you jessamine or wistaria?

Henry Layton

Whoever thou art who passest by
Know that my father was gentle,
And my mother was violent,
While I was born the whole of such hostile halves,
Not intermixed and fused,

But each distinct, feebly soldered together.
Some of you saw me as gentle,
Some as violent,
Some as both.
But neither half of me wrought my ruin.
It was the falling asunder of halves,
Never a part of each other,
That left me a lifeless soul.

Harlan Sewall

You never understood, O unknown one,
Why it was I repaid
Your devoted friendship and delicate
    ministrations
First with diminished thanks,
Afterward by gradually withdrawing my
    presence from you,
So that I might not be compelled to thank you,
And then with silence which followed upon
Our final separation.
You had cured my diseased soul. But to cure it
You saw my disease, you knew my secret,
And that is why I fled from you.
For though when our bodies rise from pain
We kiss forever the watchful hands
That gave us wormwood, while we shudder
For thinking of the wormwood,
A soul that's cured is a different matter,
For there we'd blot from memory
The soft-toned words, the searching eyes,
And stand forever oblivious,
Not so much of the sorrow itself
As of the hand that healed it.

Jppolit Konovaloff

I was a gun-smith in Odessa.
One night the police broke in the room
Where a group of us were reading Spencer.
And seized our books and arrested us.
But I escaped and came to New York
And thence to Chicago, and then to Spoon River,
Where I could study my Kant in peace
And eke out a living repairing guns!
Look at my moulds! My architectonics!
One for a barrel, one for a hammer,
And others for other parts of a gun!
Well, now suppose no gun-smith living
Had anything else but duplicate moulds
Of these I show you — well, all guns
Would be just alike, with a hammer to hit
The cap and a barrel to carry the shot,
All acting alike for themselves, and all
Acting against each other alike.
And there would be your world of guns!
Which nothing could ever free from itself
Except a Moulder with different moulds
To mould the metal over.

Henry Phipps

I was the Sunday-school superintendent,
The dummy president of the wagon works
And the canning factory,
Acting for Thomas Rhodes and the banking
    clique;
My son the cashier of the bank,
Wedded to Rhodes' daughter,
My week days spent in making money,
My Sundays at church and in prayer.
In everything a cog in the wheel of things-as-
    they-are:
Of money, master and man, made white
With the paint of the Christian creed.
And then:
The bank collapsed. I stood and looked at the
    wrecked machine —
The wheels with blow-holes stopped with putty
    and painted;
The rotten bolts, the broken rods;
And only the hopper for souls fit to be used
    again
In a new devourer of life, when newspapers,
    judges and money-magicians
Build over again.
I was stripped to the bone, but I lay in the
    Rock of Ages,
Seeing now through the game, no longer a dupe,
And knowing "the upright shall dwell in the
    land
But the years of the wicked shall be shortened."
Then suddenly, Dr. Meyers discovered
A cancer in my liver.
I was not, after all, the particular care of God!
Why, even thus standing on a peak
Above the mists through which I had climbed,
And ready for larger life in the world,
Eternal forces
Moved me on with a push.

Harry Wilmans

I was just turned twenty-one,
And Henry Phipps, the Sunday-school
    superintendent,
Made a speech in Bindle's Opera House.
"The honor of the flag must be upheld," he said,
"Whether it be assailed by a barbarous tribe
    of Tagalogs
Or the greatest power in Europe."
And we cheered and cheered the speech and
    the flag he waved
As he spoke.
And I went to the war in spite of my father,
And followed the flag till I saw it raised
By our camp in a rice field near Manila,
And all of us cheered and cheered it.
But there were flies and poisonous things;
And there was the deadly water,
And the cruel heat,
And the sickening, putrid food;
And the smell of the trench just back of the tents
Where the soldiers went to empty themselves;
And there were the whores who followed us,
    full of syphilis;
And beastly acts between ourselves or alone,
With bullying, hatred, degradation among us,
And days of loathing and nights of fear
To the hour of the charge through the steaming
    swamp,
Following the flag,
Till I fell with a scream, shot through the guts.
Now there's a flag over me in Spoon River.
A flag! A flag!

John Wasson

Oh! the dew-wet grass of the meadow in North
    Carolina
Through which Rebecca followed me wailing,
    wailing,
One child in her arms, and three that ran
    along wailing,
Lengthening out the farewell to me off to the
    war with the British,
And then the long, hard years down to the day
    of Yorktown.
And then my search for Rebecca,
Finding her at last in Virginia,
Two children dead in the meanwhile.
We went by oxen to Tennessee,
Thence after years to Illinois,
At last to Spoon River.
We cut the buffalo grass,
We felled the forests,
We built the school houses, built the bridges,
Leveled the roads and tilled the fields,
Alone with poverty, scourges, death—
If Harry Wilmans who fought the Filipinos
Is to have a flag on his grave,
Take it from mine!

Many Soldiers

The idea danced before us as a flag;
The sound of martial music;
The thrill of carrying a gun;
Advancement in the world on coming home;
A glint of glory, wrath for foes;
A dream of duty to country or to God.

But these were things in ourselves, shining
  before us,
They were not the power behind us,
Which was the Almighty hand of Life,
Like fire at earth's center making mountains,
Or pent up waters that cut them through.
Do you remember the iron band
The blacksmith, Shack Dye, welded
Around the oak on Bennet's lawn,
From which to swing a hammock,
That daughter Janet might repose in, reading
On summer afternoons?
And that the growing tree at last
Sundered the iron band?
But not a cell in all the tree
Knew aught save that it thrilled with life,
Nor cared because the hammock fell
In the dust with Milton's Poems.

Godwin James

Harry Wilmans! You who fell in a swamp
Near Manila, following the flag,
You were not wounded by the greatness of a dream,
Or destroyed by ineffectual work,
Or driven to madness by Satanic snags;
You were not torn by aching nerves,
Nor did you carry great wounds to your old age.
You did not starve, for the government fed you.
You did not suffer yet cry "forward"
To an army which you led
Against a foe with mocking smiles,
Sharper than bayonets. You were not smitten
  down
By invisible bombs. You were not rejected
By those for whom you were defeated.
You did not eat the savorless bread
Which a poor alchemy had made from ideals.
You went to Manila, Harry Wilmans,
While I enlisted in the bedraggled army
Of bright-eyed, divine youths,
Who surged forward, who were driven back
  and fell,
Sick, broken, crying, shorn of faith,
Following the flag of the Kingdom of Heaven.
You and I, Harry Wilmans, have fallen
In our several ways, not knowing
Good from bad, defeat from victory,
Nor what face it is that smiles
Behind the demoniac mask.

Lyman King

You may think, passer-by, that Fate
Is a pit-fall outside of yourself,
Around which you may walk by the use of foresight
And wisdom.
Thus you believe, viewing the lives of other men,
As one who in God-like fashion bends over an
  anthill,
Seeing how their difficulties could be avoided.
But pass on into life:
In time you shall see Fate approach you
In the shape of your own image in the mirror;
Or you shall sit alone by your own hearth,
And suddenly the chair by you shall hold a guest,
And you shall know that guest,
And read the authentic message of his eyes.

Caroline Branson

With our hearts like drifting suns, had we but
  walked,
As often before, the April fields till star-light
Silkened over with viewless gauze the darkness
Under the cliff, our trysting place in the wood,
Where the brook turns! Had we but passed
  from wooing,
Like notes of music that run together, into winning,
In the inspired improvisation of love!
But to put back of us as a canticle ended
The rapt enchantment of the flesh,
In which our souls swooned, down, down,
Where time was not, nor space, nor ourselves —
Annihilated in love!
To leave these behind for a room with lamps:
And to stand with our Secret mocking itself,
And hiding itself amid flowers and mandolins,
Stared at by all between salad and coffee.
And to see him tremble, and feel myself
Prescient, as one who signs a bond —
Not flaming with gifts and pledges heaped
With rosy hands over his brow.
And then, O night! deliberate! unlovely!
With all of our wooing blotted out by the winning,
In a chosen room in an hour that was known to all!
Next day he sat so listless, almost cold,
So strangely changed, wondering why I wept,
Till a kind of sick despair and voluptuous madness
Seized us to make the pact of death.

A stalk of the earth-sphere,
Frail as star-light;

Waiting to be drawn once again
Into creation's stream.
But next time to be given birth
Gazed at by Raphael and St. Francis
Sometimes as they pass.
For I am their little brother,
To be known clearly face to face
Through a cycle of birth hereafter run.
You may know the seed and the soil;
You may feel the cold rain fall,
But only the earth-sphere, only heaven
Knows the secret of the seed
In the nuptial chamber under the soil.
Throw me into the stream again,
Give me another trial —
Save me, Shelley!

Anne Rutledge

Out of me unworthy and unknown
The vibrations of deathless music:
"With malice toward none, with charity for all."
Out of me the forgiveness of millions toward
  millions,
And the beneficent face of a nation
Shining with justice and truth.
I am Anne Rutledge who sleep beneath these
  weeds,
Beloved in life of Abraham Lincoln,
Wedded to him, not through union,
But through separation.
Bloom forever, O Republic,
From the dust of my bosom!

Hamlet Micure

In a lingering fever many visions come to you:
I was in the little house again
With its great yard of clover
Running down to the board-fence,
Shadowed by the oak tree,
Where we children had our swing.
Yet the little house was a manor hall
Set in a lawn, and by the lawn was the sea.
I was in the room where little Paul
Strangled from diphtheria,
But yet it was not this room—
It was a sunny verandah enclosed
With mullioned windows,
And in a chair sat a man in a dark cloak,
With a face like Euripides.
He had come to visit me, or I had gone to visit him—
I could not tell.
We could hear the beat of the sea, the clover nodded
Under a summer wind, and little Paul came
With clover blossoms to the window and smiled.
Then I said: "What is 'divine despair,' Alfred?"
"Have you read 'Tears, Idle Tears'?" he asked.
"Yes, but you do not there express divine despair."
"My poor friend," he answered, "that was why
    the despair
Was divine."

Mabel Osborne

Your red blossoms amid green leaves
Are drooping, beautiful geranium!
But you do not ask for water.
You cannot speak! You do not need to speak—
Everyone knows that you are dying of thirst,
Yet they do not bring water!
They pass on, saying:
"The geranium wants water."
And I, who had happiness to share
And longed to share your happiness;
I who loved you, Spoon River,
And craved your love,
Withered before your eyes, Spoon River—
Thirsting, thirsting,
Voiceless from chasteness of soul to ask you
    for love,
You who knew and saw me perish before you,
Like this geranium which someone has planted
    over me,
And left to die.

William H. Herndon

There by the window in the old house
Perched on the bluff, overlooking miles of valley,
My days of labor closed, sitting out life's decline,
Day by day did I look in my memory,
As one who gazes in an enchantress' crystal globe,
And I saw the figures of the past,
As if in a pageant glassed by a shining dream,
Move through the incredible sphere of time.
And I saw a man arise from the soil like a
    fabled giant
And throw himself over a deathless destiny,
Master of great armies, head of the republic,
Bringing together into a dithyramb of
    recreative song
The epic hopes of a people;

At the same time Vulcan of sovereign fires,
Where imperishable shields and swords were
    beaten out
From spirits tempered in heaven.
Look in the crystal! See how he hastens on
To the place where his path comes up to the path
Of a child of Plutarch and Shakespeare.
O Lincoln, actor indeed, playing well your part,
And Booth, who strode in a mimic play within
    the play,
Often and often I saw you,
As the cawing crows winged their way to the wood
Over my house-top at solemn sunsets,
There by my window,
Alone.

Rebecca Wasson

Spring and Summer, Fall and Winter and Spring,
After each other drifting, past my window drifting!
And I lay so many years watching them drift
    and counting
The years till a terror came in my heart at times,
With the feeling that I had become eternal; at last
My hundredth year was reached! And still I lay
Hearing the tick of the clock, and the low of cattle
And the scream of a jay flying through falling
    leaves!
Day after day alone in a room of the house
Of a daughter-in-law stricken with age and gray.
And by night, or looking out of the window by day,
My thought ran back, it seemed, through
    infinite time
To North Carolina and all my girlhood days,

And John, my John, away to the war with the
    British,
And all the children, the deaths, and all the sorrows.
And that stretch of years like a prairie in Illinois
Through which great figures passed like
    hurrying horsemen:
Washington, Jefferson, Jackson, Webster, Clay.
O beautiful young republic for whom my John and I
Gave all of our strength and love!
And O my John!
Why, when I lay so helpless in bed for years,
Praying for you to come, was your coming delayed?
Seeing that with a cry of rapture, like that I uttered
When you found me in old Virginia after the war,
I cried when I beheld you there by the bed,
As the sun stood low in the west growing
    smaller and fainter
In the light of your face!

Rutherford McDowell

They brought me ambrotypes
Of the old pioneers to enlarge.
And sometimes one sat for me —
Some one who was in being
When giant hands from the womb of the world
Tore the republic.
What was it in their eyes? —
For I could never fathom
That mystical pathos of drooped eyelids,
And the serene sorrow of their eyes.
It was like a pool of water,
Amid oak trees at the edge of a forest,
Where the leaves fall,

As you hear the crow of a cock
From a far-off farm house, seen near the hills
Where the third generation lives, and the
     strong men
And the strong women are gone and forgotten.
And these grand-children and great grand-
     children
Of the pioneers!
Truly did my camera record their faces, too,
With so much of the old strength gone,
And the old faith gone,
And the old mastery of life gone,
And the old courage gone,
Which labors and loves and suffers and sings
Under the sun!

Hannah Armstrong

I wrote him a letter asking him for old times' sake
To discharge my sick boy from the army;
But maybe he couldn't read it.
Then I went to town and had James Garber,
Who wrote beautifully, write him a letter;
But maybe that was lost in the mails.
So I traveled all the way to Washington.
I was more than an hour finding the White House.
And when I found it they turned me away,
Hiding their smiles. Then I thought:
"Oh, well, he ain't the same as when I boarded him
And he and my husband worked together
And all of us called him Abe, there in Menard."
As a last attempt I turned to a guard and said:
"Please say it's old Aunt Hannah Armstrong
From Illinois, come to see him about her sick boy

In the army."
Well, just in a moment they let me in!
And when he saw me he broke in a laugh,
And dropped his business as president,
And wrote in his own hand Doug's discharge,
Talking the while of the early days,
And telling stories.

Lucinda Matlock

I went to the dances at Chandlerville,
And played snap-out at Winchester.
One time we changed partners,
Driving home in the moonlight of middle June,
And then I found Davis.
We were married and lived together for
     seventy years,
Enjoying, working, raising the twelve children,
Eight of whom we lost
Ere I had reached the age of sixty.
I spun, I wove, I kept the house, I nursed the sick,
I made the garden, and for holiday
Rambled over the fields where sang the larks,
And by Spoon River gathering many a shell,
And many a flower and medicinal weed—
Shouting to the wooded hills, singing to the
     green valleys.
At ninety-six I had lived enough, that is all,
And passed to a sweet repose.
What is this I hear of sorrow and weariness,
Anger, discontent and drooping hopes?
Degenerate sons and daughters,
Life is too strong for you—
It takes life to love Life.

Davis Matlock

Suppose it is nothing but the hive:
That there are drones and workers
And queens, and nothing but storing honey —
(Material things as well as culture and
  wisdom) —
For the next generation, this generation never
  living,
Except as it swarms in the sun-light of youth,
Strengthening its wings on what has been
  gathered,
And tasting, on the way to the hive
From the clover field, the delicate spoil.
Suppose all this, and suppose the truth:
That the nature of man is greater
Than nature's need in the hive;
And you must bear the burden of life,
As well as the urge from your spirit's excess —
Well, I say to live it out like a god
Sure of immortal life, though you are in doubt,
Is the way to live it.
If that doesn't make God proud of you,
Then God is nothing but gravitation,
Or sleep is the golden goal.

Herman Altman

Did I follow Truth wherever she led,
And stand against the whole world for a cause,
And uphold the weak against the strong?
If I did I would be remembered among men
As I was known in life among the people,
And as I was hated and loved on earth.
Therefore, build no monument to me,
And carve no bust for me,
Lest, though I become not a demi-god,
The reality of my soul be lost,
So that thieves and liars,
Who were my enemies and destroyed me,
And the children of thieves and liars,
May claim me and affirm before my bust
That they stood with me in the days of my defeat.
Build me no monument
Lest my memory be perverted to the uses
Of lying and oppression.
My lovers and their children must not be
  dispossessed of me;
I would be the untarnished possession forever
Of those for whom I lived.

Jennie M'Grew

Not, where the stairway turns in the dark,
A hooded figure, shriveled under a flowing cloak!
Not yellow eyes in the room at night,
Staring out from a surface of cobweb gray!
And not the flap of a condor wing,
When the roar of life in your ears begins
As a sound heard never before!
But on a sunny afternoon,
By a country road,
Where purple rag-weeds bloom along a
  straggling fence,
And the field is gleaned, and the air is still,
To see against the sun-light something black,
Like a blot with an iris rim —
That is the sign to eyes of second sight...
And that I saw!

Columbus Cheney

This weeping willow!
Why do you not plant a few
For the millions of children not yet born,
As well as for us?
Are they not non-existent, or cells asleep
Without mind?
Or do they come to earth, their birth
Rupturing the memory of previous being?
Answer! The field of unexplored intuition is yours.
But in any case why not plant willows for them,
As well as for us?

Wallace Ferguson

There at Geneva where Mt. Blanc floated above
The wine-hued lake like a cloud, when a
        breeze was blown
Out of an empty sky of blue, and the roaring Rhone
Hurried under the bridge through chasms of rock;
And the music along the cafés was part of the
        splendor
Of dancing water under a torrent of light;
And the purer part of the genius of Jean Rousseau
Was the silent music of all we saw or heard —
There at Geneva, I say, was the rapture less
Because I could not link myself with the I of yore,
When twenty years before I wandered about
        Spoon River?
Nor remember what I was nor what I felt?
We live in the hour all free of the hours gone by.
Therefore, O soul, if you lose yourself in death,
And wake in some Geneva by some Mt. Blanc,
What do you care if you know not yourself as
the you
Who lived and loved in a little corner of earth
Known as Spoon River ages and ages vanished?

Marie Bateson

You observe the carven hand
With the index finger pointing heavenward.
That is the direction, no doubt.
But how shall one follow it?
It is well to abstain from murder and lust,
To forgive, do good to others, worship God
Without graven images.
But these are external means after all
By which you chiefly do good to yourself.
The inner kernel is freedom,
It is light, purity —
I can no more,
Find the goal or lose it, according to your vision.

Tennessee Claflin Shope

I was the laughing-stock of the village,
Chiefly of the people of good sense, as they
        call themselves —
Also of the learned, like Rev. Peet, who read Greek
The same as English.
For instead of talking free trade,
Or preaching some form of baptism;
Instead of believing in the efficacy
Of walking cracks, picking up pins the right way,
Seeing the new moon over the right shoulder,
Or curing rheumatism with blue glass,
I asserted the sovereignty of my own soul.
Before Mary Baker G. Eddy even got started

With what she called science
I had mastered the *Bhagavad Gita*,
And cured my soul, before Mary
Began to cure bodies with souls—
Peace to all worlds!

Plymouth Rock Joe

Why are you running so fast hither and thither
Chasing midges or butterflies?
Some of you are standing solemnly scratching
      for grubs;
Some of you are waiting for corn to be scattered.
This is life, is it?
Cock-a-doodle-do! Very well, Thomas Rhodes,
You are cock of the walk, no doubt.
But here comes Elliott Hawkins,
Gluck, Gluck, Gluck, attracting political
      followers.
Quah! quah! quah! why so poetical, Minerva,
This gray morning?
Kittie—quah—quah! for shame, Lucius
      Atherton,
The raucous squawk you evoked from the throat
Of Aner Clute will be taken up later
By Mrs. Benjamin Pantier as a cry
Of votes for women: Ka dook—dook!
What inspiration has come to you, Margaret
      Fuller Slack?
And why does your gooseberry eye
Flit so liquidly, Tennessee Claflin Shope?
Are you trying to fathom the esotericism of an egg?
Your voice is very metallic this morning,
      Hortense Robbins—

Almost like a guinea hen's!
Quah! That was a guttural sigh, Isaiah
      Beethoven;
Did you see the shadow of the hawk,
Or did you step upon the drumsticks
Which the cook threw out this morning?
Be chivalric, heroic, or aspiring,
Metaphysical, religious, or rebellious,
You shall never get out of the barnyard
Except by way of over the fence
Mixed with potato peelings and such into the
      trough!

Imanuel Ehrenhardt

I began with Sir William Hamilton's lectures.
Then studied Dugald Stewart,
And then John Locke on the Understanding,
And then Descartes, Fichte and Schelling,
Kant and then Schopenhauer—
Books I borrowed from old Judge Somers.
All read with rapturous industry
Hoping it was reserved to me
To grasp the tail of the ultimate secret,
And drag it out of its hole.
My soul flew up ten thousand miles,
And only the moon looked a little bigger.
Then I fell back, how glad of the earth!
All through the soul of William Jones
Who showed me a letter of John Muir.

Samuel Gardner

I who kept the greenhouse,
Lover of trees and flowers,

Oft in life saw this umbrageous elm,
Measuring its generous branches with my eye,
And listened to its rejoicing leaves
Lovingly patting each other
With sweet aeolian whispers.
And well they might:
For the roots had grown so wide and deep
That the soil of the hill could not withhold
Aught of its virtue, enriched by rain,
And warmed by the sun;
But yielded it all to the thrifty roots,
Through which it was drawn and whirled to
    the trunk,
And thence to the branches, and into the leaves,
Wherefrom the breeze took life and sang.
Now I, an under-tenant of the earth, can see
That the branches of a tree
Spread no wider than its roots.
And how shall the soul of a man
Be larger than the life he has lived?

Dow Kritt

Samuel is forever talking of his elm —
But I did not need to die to learn about roots —
I, who dug all the ditches about Spoon River.
Look at my elm!
Sprung from as good a seed as his,
Sown at the same time,
It is dying at the top:
Not from lack of life, nor fungus,
Nor destroying insect, as the sexton thinks.
Look, Samuel, where the roots have struck rock,
And can no further spread.

And all the while the top of the tree
Is tiring itself out, and dying,
Trying to grow.

William Jones

Once in a while a curious weed unknown to me,
Needing a name from my books;
Once in a while a letter from Yeomans.
Out of the mussel-shells gathered along the shore
Sometimes a pearl with a glint like meadow rue:
Then betimes a letter from Tyndall in England,
Stamped with the stamp of Spoon River.
I, lover of Nature, beloved for my love of her,
Held such converse afar with the great
Who knew her better than I.
Oh, there is neither lesser nor greater,
Save as we make her greater and win from her
    keener delight.
With shells from the river cover me, cover me.
I lived in wonder, worshipping earth and heaven.
I have passed on the march eternal of endless life.

William Goode

To all in the village I seemed, no doubt,
To go this way and that way, aimlessly.
But here by the river you can see at twilight
The soft-winged bats fly zig-zag here and there —
They must fly so to catch their food.
And if you have ever lost your way at night,
In the deep wood near Miller's Ford,
And dodged this way and now that,
Wherever the light of the Milky Way shone through,
Trying to find the path,

You should understand I sought the way
With earnest zeal, and all my wanderings
Were wanderings in the quest.

J. Milton Miles

Whenever the Presbyterian bell
Was rung by itself, I knew it as the
  Presbyterian bell.
But when its sound was mingled
With the sound of the Methodist, the Christian,
The Baptist and the Congregational,
I could no longer distinguish it,
Nor any one from the others, or either of them.
And as many voices called to me in life,
Marvel not that I could not tell
The true from the false,
Nor even, at last, the voice that I should have
  known.

Faith Matheny

At first you will know not what they mean,
And you may never know,
And we may never tell you:
These sudden flashes in your soul,
Like lambent lightning on snowy clouds
At midnight when the moon is full.
They come in solitude, or perhaps
You sit with your friend, and all at once
A silence falls on speech, and his eyes
Without a flicker glow at you: —
You two have seen the secret together,
He sees it in you, and you in him.
And there you sit thrilling lest the Mystery

Stand before you and strike you dead
With a splendor like the sun's.
Be brave, all souls who have such visions!
As your body's alive as mine is dead,
You're catching a little whiff of the ether
Reserved for God Himself.

Scholfield Huxley

God! ask me not to record your wonders;
I admit the stars and the suns
And the countless worlds.
But I have measured their distances
And weighed them and discovered their
  substances.
I have devised wings for the air,
And keels for water,
And horses of iron for the earth.
I have lengthened the vision you gave me a
  million times,
And the hearing you gave me a million times,
I have leaped over space with speech,
And taken fire for light out of the air.
I have built great cities and bored through the hills,
And bridged majestic waters.
I have written the *Iliad* and *Hamlet*;
And I have explored your mysteries,
And searched for you without ceasing,
And found you again after losing you
In hours of weariness—
And I ask you:
How would you like to create a sun
And the next day have the worms
Slipping in and out between your fingers?

Willie Metcalf

I was Willie Metcalf.
They used to call me "Doctor Meyers"
Because, they said, I looked like him.
And he was my father, according to Jack McGuire.
I lived in the livery stable,
Sleeping on the floor
Side by side with Roger Baughman's bulldog,
Or sometimes in a stall.
I could crawl between the legs of the wildest horses
Without getting kicked—we knew each other.
On spring days I tramped through the country
To get the feeling, which I sometimes lost,
That I was not a separate thing from the earth.
I used to lose myself, as if in sleep,
By lying with eyes half-open in the woods.
Sometimes I talked with animals—even toads
    and snakes—
Anything that had an eye to look into.
Once I saw a stone in the sunshine
Trying to turn into jelly.
In April days in this cemetery
The dead people gathered all about me,
And grew still, like a congregation in silent prayer.
I never knew whether I was a part of the earth
With flowers growing in me, or whether I walked—
Now I know.

Willie Pennington

They called me the weakling, the simpleton,
For my brothers were strong and beautiful,
While I, the last child of parents who had aged,
Inherited only their residue of power.
But they, my brothers, were eaten up
In the fury of the flesh, which I had not,
Made pulp in the activity of the senses, which
    I had not,
Hardened by the growth of the lusts, which I had not,
Though making names and riches for themselves.
Then I, the weak one, the simpleton,
Resting in a little corner of life,
Saw a vision, and through me many saw the vision,
Not knowing it was through me.
Thus a tree sprang
From me, a mustard seed.

The Village Atheist

Ye young debaters over the doctrine
Of the soul's immortality,
I who lie here was the village atheist,
Talkative, contentious, versed in the arguments
Of the infidels.
But through a long sickness
Coughing myself to death
I read the *Upanishads* and the poetry of Jesus.
And they lighted a torch of hope and intuition
And desire which the Shadow,
Leading me swiftly through the caverns of
    darkness,
Could not extinguish.
Listen to me, ye who live in the senses
And think through the senses only:
Immortality is not a gift,
Immortality is an achievement;
And only those who strive mightily
Shall possess it.

John Ballard

In the lust of my strength
I cursed God, but he paid no attention to me:
I might as well have cursed the stars.
In my last sickness I was in agony, but I was
  resolute
And I cursed God for my suffering;
Still He paid no attention to me;
He left me alone, as He had always done.
I might as well have cursed the Presbyterian
  steeple.
Then, as I grew weaker, a terror came over me:
Perhaps I had alienated God by cursing him.
One day Lydia Humphrey brought me a bouquet
And it occurred to me to try to make friends
  with God,
So I tried to make friends with Him;
But I might as well have tried to make friends
  with the bouquet.
Now I was very close to the secret,
For I really could make friends with the bouquet
By holding close to me the love in me for the
  bouquet
And so I was creeping upon the secret, but—

Julian Scott

Toward the last
The truth of others was untruth to me;
The justice of others injustice to me;
Their reasons for death, reasons with me for life;
Their reasons for life, reasons with me for death;
I would have killed those they saved,
And save those they killed.
And I saw how a god, if brought to earth,
Must act out what he saw and thought,
And could not live in this world of men
And act among them side by side
Without continual clashes.
The dust's for crawling, heaven's for flying—
Wherefore, O soul, whose wings are grown,
Soar upward to the sun!

Alfonso Churchill

They laughed at me as "Prof. Moon,"
As a boy in Spoon River, born with the thirst
Of knowing about the stars.
They jeered when I spoke of the lunar
  mountains,
And the thrilling heat and cold,
And the ebon valleys by silver peaks,
And Spica quadrillions of miles away,
And the littleness of man.
But now that my grave is honored, friends,
Let it not be because I taught
The lore of the stars in Knox College,
But rather for this: that through the stars
I preached the greatness of man,
Who is none the less a part of the scheme of things
For the distance of Spica or the Spiral Nebulae;
Nor any the less a part of the question
Of what the drama means.

Zilpha Marsh

At four o'clock in late October
I sat alone in the country school-house
Back from the road 'mid stricken fields,

And an eddy of wind blew leaves on the pane,
And crooned in the flue of the cannon-stove,
With its open door blurring the shadows
With the spectral glow of a dying fire.
In an idle mood I was running the planchette—
All at once my wrist grew limp,
And my hand moved rapidly over the board,
'Till the name of "Charles Guiteau" was spelled,
Who threatened to materialize before me.
I rose and fled from the room bare-headed
Into the dusk, afraid of my gift.
And after that the spirits swarmed—
Chaucer, Caesar, Poe and Marlowe,
Cleopatra and Mrs. Surratt—
Wherever I went, with messages,—
Mere trifling twaddle, Spoon River agreed.
You talk nonsense to children, don't you?
And suppose I see what you never saw
And never heard of and have no word for,
I must talk nonsense when you ask me
What it is I see!

James Garber

Do you remember, passer-by, the path
I wore across the lot where now stands the
    opera house,
Hasting with swift feet to work through many
    years?
Take its meaning to heart:
You too may walk, after the hills at Miller's Ford
Seem no longer far away;
Long after you see them near at hand,
Beyond four miles of meadow;

And after woman's love is silent
Saying no more: "I will save you."
And after the faces of friends and kindred
Become as faded photographs, pitifully silent,
Sad for the look which means: "We cannot
    help you."
And after you no longer reproach mankind
With being in league against your soul's
    uplifted hands—
Themselves compelled at midnight and at noon
To watch with steadfast eye their destinies;
After you have these understandings, think of me
And of my path, who walked therein and knew
That neither man nor woman, neither toil,
Nor duty, gold nor power
Can ease the longing of the soul,
The loneliness of the soul!

Lydia Humphrey

Back and forth, back and forth, to and from
    the church,
With my Bible under my arm
'Till I was gray and old;
Unwedded, alone in the world,
Finding brothers and sisters in the congregation,
And children in the church.
I know they laughed and thought me queer.
I knew of the eagle souls that flew high in the sunlight,
Above the spire of the church, and laughed at
    the church,
Disdaining me, not seeing me.
But if the high air was sweet to them, sweet
    was the church to me.

It was the vision, vision, vision of the poets
Democratized!

Le Roy Goldman

"What will you do when you come to die,
If all your life long you have rejected Jesus,
And know as you lie there, He is not your friend?"
Over and over I said, I, the revivalist.
Ah, yes! but there are friends and friends.
And blessed are you, say I, who know all now,
You who have lost ere you pass,
A father or mother, or old grandfather or mother,
Some beautiful soul that lived life strongly,
And knew you all through, and loved you ever,
Who would not fail to speak for you,
And give God an intimate view of your soul
As only one of your flesh could do it.
That is the hand your hand will reach for,
To lead you along the corridor
To the court where you are a stranger!

Gustav Richter

After a long day of work in my hot-houses
Sleep was sweet, but if you sleep on your left side
Your dreams may be abruptly ended.
I was among my flowers where someone
Seemed to be raising them on trial,
As if after-while to be transplanted
To a larger garden of freer air.
And I was disembodied vision
Amid a light, as it were the sun
Had floated in and touched the roof of glass
Like a toy balloon and softly bursted,

And etherealized in golden air.
And all was silence, except the splendor
Was immanent with thought as clear
As a speaking voice, and I, as thought,
Could hear a Presence think as he walked
Between the boxes pinching off leaves,
Looking for bugs and noting values,
With an eye that saw it all: —
"Homer, oh yes! Pericles, good.
Caesar Borgia, what shall be done with it?
Dante, too much manure, perhaps.
Napoleon, leave him awhile as yet.
Shelley, more soil. Shakespeare, needs spraying—"
Clouds, eh! —

Arlo Will

Did you ever see an alligator
Come up to the air from the mud,
Staring blindly under the full glare of noon?
Have you seen the stabled horses at night
Tremble and start back at the sight of a lantern?
Have you ever walked in darkness
When an unknown door was open before you
And you stood, it seemed, in the light of a
    thousand candles
Of delicate wax?
Have you walked with the wind in your ears
And the sunlight about you
And found it suddenly shine with an inner
    splendor?
Out of the mud many times,
Before many doors of light,
Through many fields of splendor,

Where around your steps a soundless glory
   scatters
Like new-fallen snow,
Will you go through earth, O strong of soul,
And through unnumbered heavens
To the final flame!

Captain Orlando Killion

Oh, you young radicals and dreamers,
You dauntless fledglings
Who pass by my headstone,
Mock not its record of my captaincy in the army
And my faith in God!
They are not denials of each other.
Go by reverently, and read with sober care
How a great people, riding with defiant shouts
The centaur of Revolution,
Spurred and whipped to frenzy,
Shook with terror, seeing the mist of the sea
Over the precipice they were nearing,
And fell from his back in precipitate awe
To celebrate the Feast of the Supreme Being.
Moved by the same sense of vast reality
Of life and death, and burdened as they were
With the fate of a race,
How was I, a little blasphemer,
Caught in the drift of a nation's unloosened flood,
To remain a blasphemer,
And a captain in the army?

Jeremy Carlisle

Passer-by, sin beyond any sin
Is the sin of blindness of souls to other souls.

And joy beyond any joy is the joy
Of having the good in you seen, and seeing
   the good
At the miraculous moment!
Here I confess to a lofty scorn,
And an acrid skepticism.
But do you remember the liquid that Penniwit
Poured on tintypes making them blue
With a mist like hickory smoke?
Then how the picture began to clear
Till the face came forth like life?
So you appeared to me, neglected ones,
And enemies too, as I went along
With my face growing clearer to you as yours
Grew clearer to me.
We were ready then to walk together
And sing in chorus and chant the dawn
Of life that is wholly life.

Joseph Dixon

Who carved this shattered harp on my stone?
I died to you, no doubt. But how many harps
   and pianos
Wired I and tightened and disentangled for you,
Making them sweet again—with tuning fork
   or without?
Oh well! A harp leaps out of the ear of a man,
   you say,
But whence the ear that orders the length of
   the strings
To a magic of numbers flying before your thought
Through a door that closes against your
   breathless wonder?

Isthereno Earroundtheearofaman,thatitsenses
Through strings and columns of air the soul of
   sound?
I thrill as I call it a tuning fork that catches
The waves of mingled music and light from afar,
The antennae of Thought that listens through
   utmost space.
Surely the concord that ruled my spirit is proof
Of an Ear that tuned me, able to tune me over
And use me again if I am worthy to use.

Judson Stoddard

On a mountain top above the clouds
That streamed like a sea below me
I said that peak is the thought of Buddah,
And that one is the prayer of Jesus,
And this one is the dream of Plato,
And that one there the song of Dante,
And this is Kant and this is Newton,
And this is Milton and this is Shakespeare,
And this the hope of the Mother Church,
And this — why all these peaks are poems,
Poems and prayers that pierce the clouds.
And I said "What does God do with mountains
That rise almost to heaven?"

Russell Kincaid

In the last spring I ever knew,
In those last days, I sat in the forsaken orchard
Where beyond fields of greenery shimmered
The hills at Miller's Ford;
Just to muse on the apple tree
With its ruined trunk and blasted branches,

And shoots of green whose delicate blossoms
Were sprinkled over the skeleton tangle,
Never to grow in fruit.
And there was I with my spirit girded
By the flesh half dead, the senses numb
Yet thinking of youth and the earth in youth, —
Such phantom blossoms palely shining
Over the lifeless boughs of Time.
O earth that leaves us ere heaven takes us!
Had I been only a tree to shiver
With dreams of spring and a leafy youth,
Then I had fallen in the cyclone
Which swept me out of the soul's suspense
Where it's neither earth nor heaven.

Aaron Hatfield

Better than granite, Spoon River,
Is the memory-picture you keep of me
Standing before the pioneer men and women
There at Concord Church on Communion day.
Speaking in broken voice of the peasant youth
Of Galilee who went to the city
And was killed by bankers and lawyers;
My voice mingling with the June wind
That blew over wheat fields from Atterbury;
While the white stones in the burying ground
Around the Church shimmered in the summer
   sun.
And there, though my own memories
Were too great to bear, were you, O pioneers,
With bowed heads breathing forth your sorrow
For the sons killed in battle and the daughters
And little children who vanished in life's morning,

Or at the intolerable hour of noon.
But in those moments of tragic silence,
When the wine and bread were passed,
Came the reconciliation for us —
Us the ploughmen and the hewers of wood,
Us the peasants, brothers of the peasant of
  Galilee —
To us came the Comforter
And the consolation of tongues of flame!

Isaiah Beethoven

They told me I had three months to live,
So I crept to Bernadotte,
And sat by the mill for hours and hours
Where the gathered waters deeply moving
Seemed not to move:
O world, that's you!
You are but a widened place in the river
Where Life looks down and we rejoice for her
Mirrored in us, and so we dream
And turn away, but when again
We look for the face, behold the low-lands
And blasted cotton-wood trees where we empty
Into the larger stream!
But here by the mill the castled clouds
Mocked themselves in the dizzy water;
And over its agate floor at night
The flame of the moon ran under my eyes
Amid a forest stillness broken
By a flute in a hut on the hill.
At last when I came to lie in bed
Weak and in pain, with the dreams about me,
The soul of the river had entered my soul,

And the gathered power of my soul was moving
So swiftly it seemed to be at rest
Under cities of cloud and under
Spheres of silver and changing worlds —
Until I saw a flash of trumpets
Above the battlements over Time!

Elijah Browning

I was among multitudes of children
Dancing at the foot of a mountain.
A breeze blew out of the east and swept them
  as leaves,
Driving some up the slopes... All was changed.
Here were flying lights, and mystic moons,
  and dream-music.
A cloud fell upon us. When it lifted all was changed.
I was now amid multitudes who were wrangling.
Then a figure in shimmering gold, and one
  with a trumpet,
And one with a sceptre stood before me.
They mocked me and danced a rigadoon and
  vanished...
All was changed again. Out of a bower of poppies
A woman bared her breasts and lifted her
  open mouth to mine.
I kissed her. The taste of her lips was like salt.
She left blood on my lips. I fell exhausted.
I arose and ascended higher, but a mist as from
  an iceberg
Clouded my steps. I was cold and in pain.
Then the sun streamed on me again,
And I saw the mists below me hiding all below
  them.

And I, bent over my staff, knew myself
Silhouetted against the snow. And above me
Was the soundless air, pierced by a cone of ice,
Over which hung a solitary star!
A shudder of ecstasy, a shudder of fear
Ran through me. But I could not return to the
    slopes—
Nay, I wished not to return.
For the spent waves of the symphony of freedom
Lapped the ethereal cliffs about me.
Therefore I climbed to the pinnacle.
I flung away my staff.
I touched that star
With my outstretched hand.
I vanished utterly.
For the mountain delivers to Infinite Truth
Whosoever touches the star.

Webster Ford

Do you remember, O Delphic Apollo,
The sunset hour by the river, when Mickey M'Grew
Cried, "There's a ghost," and I, "It's Delphic
    Apollo";
And the son of the banker derided us, saying,
    "It's light
By the flags at the water's edge, you half-
    witted fools,"
And from thence, as the wearisome years
    rolled on, long after
Poor Mickey fell down in the water tower to
    his death,
Down, down, through bellowing darkness, I
    carried

The vision which perished with him like a rocket
    which falls
And quenches its light in earth, and hid it for fear
Of the son of the banker, calling on Plutus to
    save me?
Avenged were you for the shame of a fearful heart,
Who left me alone till I saw you again in an hour
When I seemed to be turned to a tree with
    trunk and branches
Growing indurate, turning to stone, yet
    burgeoning
In laurel leaves, in hosts of lambent laurel,
Quivering, fluttering, shrinking, fighting the
    numbness
Creeping into their veins from the dying trunk
    and branches!
'Tis vain, O youth, to fly the call of Apollo.
Fling yourselves in the fire, die with a song
    of spring,
If die you must in the spring. For none shall look
On the face of Apollo and live, and choose you must
'Twixt death in the flame and death after
    years of sorrow,
Rooted fast in the earth, feeling the grisly hand,
Not so much in the trunk as in the terrible
    numbness
Creeping up to the laurel leaves that never cease
To flourish until you fall. O leaves of me
Too sere for coronal wreaths, and fit alone
For urns of memory, treasured, perhaps, as
    themes
For hearts heroic, fearless singers and livers—
Delphic Apollo.

ÍNDICE / INDEX

PARTES / PARTS

Nota a la edición 7
Antología de Spoon River 11
Spoon River Anthology 281

ONOMÁSTICO / NAMES

A

Alguacil, El 56
Altman, Herman .... 238 / 355
Andy, el sereno 47
Armstrong, Hannah .... 235 / 354
Arnett, El juez 67
Arnett, Justice.. 297
Arnett, Harold...61 / 295
ateo del pueblo, El 257
Atherton, Lucius .... 70 / 298

B

Ballard, John .... 258 / 363
Barker, Amanda .... 21 / 284
Barrett, Pauline .... 104 / 308
Bartlett, Ezra .... 135 / 319
Bateson, Marie .... 242 / 356
Beatty, Tom .... 168 / 329
Beethoven, Isaiah .... 273 / 368
Bennett, Hon. Henry 301
Bennett, El honorable Henry 82
Bindle, Nicholas .... 59 / 294
Blind Jack 304
Bliss, Mrs. Charles 308
Bliss, La señora de Charles 105
Blood, A. D. .... 85 / 302
Bloyd, Wendell P. .... 96 / 305
Bone, Richard .... 189 / 339
Branson, Caroline .... 225 / 351
Brown, Jim .... 126 / 316
Brown, Sarah .... 48 / 291

Browning, Elijah .... 274 / 368
Burke, Robert Southey .... 86 / 302
Burleson, John Horace .... 92 / 304
Butler, Roy .... 169 / 330

C

Cabanis, Flossie .... 50 / 292
Cabanis, John .... 139 / 320
Calhoun, Granville .... 197 / 342
Calhoun, Henry C. .... 198 / 342
Campbell, Calvin .... 214 / 347
Carlisle, Jeremy .... 268 / 366
Carman, Eugene .... 148 / 322
Cheney, Columbus .... 240 / 356
Chicken, Ida .... 124 / 316
Childers, Elizabeth .... 207 / 345
Church, John M. .... 99 / 306
Churchill, Alfonso .... 260 / 363
Circuit Judge, The 303
Clapp, Homer .... 71 / 298
Clark, Nellie .... 78 / 300
Clute, Aner .... 69 / 297
Compton, Seth .... 186 / 338
Conant, Edith .... 208 / 345
Culbertson, E. C. .... 193 / 340

D

Davidson, Robert .... 127 / 316
Dement, Silas .... 190 / 339
Desconocido, El 140
Dippold el Óptico 201
Dippold The Optician 343
Dixon, Joseph .... 269 / 366
Dobyns, Batterton .... 165 / 328
Drummer, Frank .... 41 / 290
Drummer, Hare .... 44 / 290
Dunlap, Enoch .... 184 / 335
Dye, Shack .... 194 / 341

E

Ehrenhardt, Imanuel .... 245 / 357

F

Fallas, State's Attorney 305
Fallas, fiscal del Estado 95
Fawcett, Clarence .... 149 / 323
Ferguson, Wallace .... 241 / 356
Findlay, Anthony .... 138 / 320
Fluke, Willard .... 68 / 297
Foote, Searcy .... 170 / 330
Ford, Webster .... 276 / 369
Fraser, Benjamin .... 33 / 287
Fraser, Daisy .... 32 / 287
French, Charlie .... 53 / 292
Frickey, Ida .... 185 / 335

G

Garber, James .... 262 / 364
Gardner, Samuel .... 246 / 357
Garrick, Amelia .... 136 / 319
Godbey, Jacob .... 166 / 329
Goldman, Le Roy .... 264 / 365
Goodhue, Harry Carey .... 24 / 284
Goode, William .... 251 / 358
Goodpasture, Jacob .... 60 / 295
Graham, Magrady .... 202 / 343
Gray, George .... 81 / 300
Green, Ami .... 211 / 346
Greene, Hamilton .... 129 / 317
Griffy the Cooper 301
Griffy «el Tonelero» 83
Gustine, Dorcas .... 58 / 294

H

Hainsfeather, Barney .... 102 / 307
Hamblin, Carl .... 144 / 321
Hately, Constance .... 22 / 284
Hatfield, Aaron .... 272 / 367
Hawkins, Elliott .... 179 / 334
Hawley, Jeduthan .... 176 / 332
Henry, Chase .... 23 / 284
Herndon, William H. .... 232 / 352
Heston, Roger .... 131 / 318
Higbie, Archibald .... 203 / 344
Hill, Doc 291

Hill, Doctor 46
Hoheimer, Knowlt .... 39 / 289
Holden, Barry .... 94 / 305
Hookey, Sam .... 73 / 299
Howard, Jefferson .... 110 / 309
Hueffer, Cassius .... 19 / 283
Houghton, Jonathan .... 192 / 340
Hummel, Oscar .... 155 / 325
Humphrey, Lydia .... 263 / 364
Hutchins, Lambert .... 162 / 327
Huxley, Scholfield .... 254 / 359
Hyde, Ernest .... 130 / 317

I

Iseman, Doctor Siegfried 64
Iseman, Dr. Siegfried 296

J

Jack «el Ciego» 91
James, Godwin .... 223 / 350
Joe, Plymouth Rock .... 244 / 357
Johnson, Voltaire .... 180 / 334
Jones «el Violinista» 75
Jones, Fiddler 299
Jones, Franklin .... 98 / 306
Jones «Indignación» 35
Jones, "Indignation" 288
Jones, Minerva .... 34 / 288
Jones, William .... 250 / 358
juez del distrito, El 90
Judge, The Circuit 304

K

Karr, Elmer .... 206 / 345
Keene, Jonas .... 115 / 310
Keene, Kinsey .... 26 / 285
Kessler, Bert .... 161 / 327
Kessler, La señora 159
Kessler, Mrs. 326
Killion, Capitán Orlando 267
Killion, Captain Orlando 366
Kincaid, Russell .... 271 / 367
King, Lyman .... 224 / 350
Knapp, Nancy .... 93 / 304
Konovaloff, Ippolit .... 217 / 348
Kritt, Dow .... 247 / 358

L

La colina 11
Layton, Henry .... 215 / 347
Lively, El juez Selah 111
Lively, Judge Selah 310

M

Malloy, El padre 210
Malloy, Father 346
Many Soldiers 349
Marsh, Zilpha .... 261 / 363
Marshall, Herbert .... 80 / 300
Mason, Serepta .... 20 / 283
Matheny, Faith .... 253 / 359
Matlock, Davis .... 237 / 355
Matlock, Lucinda .... 236 / 354
M'Cumber, Daniel .... 121 / 312
McDowell, Rutherford .... 234 / 353
McFarlane, La viuda 143
McFarlane, Widow 321
McGee, Fletcher .... 17 / 282
McGee, Ollie .... 16 / 282
M'Grew, Jennie .... 239 / 355
M'Grew, Mickey .... 153 / 324
McGuire, Jack .... 57 / 294
McNeely, Mary .... 120 / 312
McNeely, Paul .... 119 / 312
McNeely, Washington .... 118 / 311
Melveny, Abel .... 177 / 333
Merritt, La señora 205
Merritt, Mrs. 344
Merritt, Tom .... 204 / 344
Metcalf, Willie .... 255 / 362
Meyers, Doctor .... 36 / 289
Meyers, La señora 37
Meyers, Mrs. 289
Micure, Hamlet .... 228 / 352
Miles, J. Milton .... 252 / 359
Miller, Julia .... 51 / 292
Miner, Georgine Sand .... 122 / 313
Moir, Alfred .... 199 / 342
Muchos soldados 222

N

Newcomer, El profesor 151
Newcomer, Professor 323
Night-Watch, Andy The 291
Nutter, Isa .... 103 / 307

O

Osborne, Mabel .... 229 / 352
Otis, John Hancock .... 137 / 319

P

Pantier, Benjamin .... 27 / 285
Pantier, Mrs. Benjamin 286
Pantier, la señora de Benjamin 28
Pantier, Reuben .... 29 / 286
Peet, El reverendo Abner 109
Peet, Rev. Abner 309
Pennington, Willie .... 256 / 362
Penniwit, «el Artista» 125
Penniwit, the Artist 316
Petit «el Poeta» 103
Petit, the Poet 307
Phipps, Henry .... 218 / 348
Poague, Peleg .... 175 / 332
Pollard, Edmund .... 171 / 331
Potter, Cooney .... 74 / 299
Puckett, Lydia .... 40 / 290
Purkapile, La señora 157
Purkapile, Mrs. 325
Purkapile, Roscoe .... 156 / 325
Putt, Hod .... 13 / 282

R

Reece, La señora de George 106
Reece, Mrs. George 308
Rhodes, Ralph .... 152 / 324
Rhodes, Thomas .... 123 / 313
Richter, Gustav .... 265 / 365
Robbins, Hortense .... 164 / 328
Roberts, Rosie .... 154 / 324
Ross, Thomas, hijo 108
Ross, Thomas, Jr. 309
Russian Sonia 306
Rutledge, Anne .... 227 / 351

S

Sayre, Johnnie .... 52 / 292
Scates, Hiram .... 174 / 332
Schirding, Albert .... 114 / 310
Schmidt, Felix .... 187 / 338
Schroeder el Pescador 188
Schroeder The Fisherman 338

Scott, Julian .... 259 / 363
Sersmith «el Dentista» 84
Sersmith the Dentist 301
Sewall, Harlan .... 216 / 347
Sharp, Percival .... 173 / 331
Shaw, "Ace" 296
Shaw «el As» 65
Shelley, Percy Bysshe .... 49 / 291
Shope, Tennessee Claflin .... 243 / 356
Sibley, Amos .... 132 / 318
Sibley, La señora 133
Sibley, Mrs. 318
Siever, Conrad .... 45 / 290
Simmons, Walter .... 167 / 329
Sissman, Dillard .... 191 / 339
Slack, Margaret Fuller .... 62 / 295
Smith, Louise .... 79 / 300
Somers, Jonathan Swift .... 142 / 321
Somers, Judge 285
Somers, El juez 25
Sonia «la Rusa» 100
Sparks, Emily .... 30 / 286
Spears, Lois .... 66 / 296
Standard, W. Lloyd Garrison .... 150 / 323
Stewart, Lillian .... 163 / 328
Stoddard, Judson .... 270 / 367

τ

Tanner, Robert Fulton .... 18 / 283
Taylor, Deacon 298
Taylor, El diácono 72
The Hill 281
Theodore «el Poeta» 55
Theodore the Poet 293
Throckmorton, Alexander .... 141 / 321
Thornton, English .... 181 / 334
Todd, Eugenia .... 116 / 311
Tompkins, Josiah .... 158 / 326
Town Marshal, The 293
Trainor, el boticario 31
Trainor, the Druggist 287
Trevelyan, Thomas .... 172 / 331
Trimble, George .... 63 / 296
Tripp, Henry .... 196 / 341
Tubbs, Hildrup .... 195 / 341
Turner, Francis .... 97 / 306
Tutt, Oaks .... 178 / 333

u

Unknown, The 320

v

Village Atheist, The 362

w

Wasson, John .... 221 / 349
Wasson, Rebecca .... 233 / 353
Webster, Charles .... 209 / 346
Weirauch, Adam .... 134 / 318
Weldy, "Butch" 289
Weldy, «el Macho» 38
Wertman, Elsa .... 128 / 317
Whedon, director del periódico 145
Whedon, Editor 322
Whitney, Harmon .... 160 / 326
Wiley, El reverendo Lemuel 107
Wiley, Rev. Lemuel 309
Will, Arlo .... 266 / 365
William and Emily 303
William y Emily 89
Williams, Dora .... 87 / 302
Williams, La señora 88
Williams, Mrs. 303
Wilmans, Harry .... 220 / 349
Witt, Zenas .... 54 / 293

y

Yee Bow .... 117 / 311

z

Zoll, Perry .... 200 / 343